세 마리 토끼 잡는 쓰기

바른 글씨

NE 능률

이 책을 쓴 분들

이자원(기획 편집자, 〈주니어 플라톤〉 개발, 〈세 마리 토끼 잡는 초등 어휘〉, 〈세 마리 토끼 잡는 초등 독해력〉, 〈세 마리 토끼 잡는 초등 한국사〉, 〈세 마리 토끼 잡는 급수 한자〉 기획 개발)

박수희(기획 편집자, 〈2015개정 교육과정 중학교 한문 교과서〉, 〈중학교 한문 교사용 지도서〉 개발, 〈중학교 한문 평가문제집〉, 〈세 마리 토끼 잡는 초등 한국사〉, 〈세 마리 토끼 잡는 급수 한자〉 기획 개발)

김자호(기획 편집자, 〈주니어 플라톤〉, 〈웅진 스마트올〉, 〈세 마리 토끼 잡는 급수 한자〉 개발, 〈말씨생각씨〉 기획 개발)

유은혜(기획 편집자, 〈장원 한자〉, 〈2009개정 교육과정 한문 교과서〉, 〈세 마리 토끼 잡는 급수 한자〉 개발, 〈해법 한자〉 연재, 전 목동메가스터디 한문 강사)

이 책을 감수한 분들

김성혁(가인초등학교 교사, 〈인터렉티브한 쌍방향 온라인 수업 강의〉 공저)

장원일(신목초등학교 교사, 〈인터렉티브한 쌍방향 온라인 수업 강의〉 공저)

김성희(청대초등학교 교사, 〈EBS 방학생활〉 집필)

임도혁(청봉초등학교 교사)

세 마리 토끼 잡는 쓰기 바른 글씨

1판 1쇄 2021년 10월 15일

총괄 김진홍 | **기획 및 편집** 이보영, 이자원, 박수희 | **펴낸이** 주민홍 | **펴낸곳** ㈜NE능률 | **디자인** 장현순 | **그림** 우지현, 윤유리, 김석류 | **영업** 한기영, 박인규, 이경구, 정철교, 김남준 | **마케팅** 박혜선, 고유진, 남경진 | **주소** 서울특별시 마포구 월드컵북로 396(상암동) 누리꿈스퀘어 비즈니스타워 10층 (우편번호 03925) | **전화** (02)2014-7114 | **팩스** (02)3142-0356 | **홈페이지** www.nebooks.co.kr | **ISBN** 979-11-253-3718-8

제조년월 2021년 10월 제조사명 ㈜NE능률 제조국 대한민국 사용연령 7~9세

맞춤법과 받아쓰기, 바른 글씨를 세트 쓰기로 준비하세요!

초등학생 자녀를 둔 대다수 학부모는 맞춤법과 받아쓰기, 바른 글씨는 저절로 나아질 것으로 생각합니다. 나아지는 경우도 많지만, 연습이 부족하면 습관으로 남게 됩니다. 그러므로 **맞춤법을 배우고, 받아쓰기와 바른 글씨 연습은 꼭 필요합니다.**

글자를 처음 쓸 때는 입으로 소리를 내고 글자를 하나씩 씁니다. 우리나라 맞춤법 규정에는 소리와 글자가 다른 것이 있기에 소리 나는 대로 글자를 쓰면 틀릴 수 있습니다. 그러므로 **우리말을 제대로 읽고 쓰기 위해서는 맞춤법을 아는 것이 중요합니다.** 다만, 이제 막 국어를 배우기 시작하는 아이들에게 어려운 맞춤법을 알려주기보다 소리와 표기가 다른 사례를 보여주는 것이 효과적입니다.

소리와 표기가 다른 맞춤법을 확인하는 좋은 방법은 바로 받아쓰기입니다. 누군가 읽어주는 자연스러운 단어와 문장을 받아쓰면서 맞춤법을 활용할 수 있기 때문입니다. **받아쓰기는 소리와 표기가 다른 맞춤법 외에도 띄어쓰기를 자연스럽게 배울 수 있는 훌륭한 도구**입니다. 초등학교 입학 전이나 저학년 때 맞춤법과 받아쓰기를 연습하면 학교생활에 자신감을 가질 수 있습니다.

학교에 가면 직접 손으로 글을 씁니다. 내용도 중요하지만 다른 사람이 내가 쓴 글을 읽을 수 있게 **바른 글씨** 역시 중요합니다. **어릴 때는 손에 힘이 없어서 글자를 갈겨쓸 수 있지만 이것도 하나의 습관이므로 어렸을 때 바로잡는 것이 중요**합니다. **간단한 낱말부터 문장까지, 꾸준히 연습하면 누구나 알아볼 수 있는 바른 글씨를 가질 수 있을 것**입니다.

〈세 마리 토끼 잡는 쓰기〉는 '맞춤법+받아쓰기' 2권, '바른 글씨' 1권으로 구성되어 있습니다. **'맞춤법+받아쓰기'에는 꼭 알아야 할 맞춤법 지식과 여러 번 연습할 수 있는 받아쓰기**가 들어 있습니다. 맞춤법은 지루하지 않게 공부할 수 있도록 **재미있는 문장과 삽화**를 넣었고 받아쓰기도 아이 혼자서 할 수 있게 **QR코드를 통해 받아쓰기 음원**을 들을 수 있습니다. **'바른 글씨'에는 한글부터 학교에서 사용하는 숫자, 영어, 기호 등을 모두 담았습니다.** 특히 **일상생활과 학교에서 사용하는 어휘를 주제별, 과목별로 묶어 학교 공부에 도움**이 되도록 구성했습니다. 저희 교재를 통해 맞춤법은 제대로 알고 받아쓰기에는 자신감이 넘치며, 누구나 알아볼 수 있는 바른 글씨를 쓰는 듬직한 학생으로 자랄 수 있을 것입니다.

꼭 알고 넘어가기

바른 자세로 앉기

글씨를 쓰기 전에 바른 자세로 앉는 것이 중요합니다. 바르게 앉으면 몸의 중심을 잘 잡게 되어 손을 편안하게 움직일 수 있고, 글씨를 많이 써도 목이나 손, 등이 아프지 않습니다. 글씨 쓰기 전 바르게 앉는 자세를 알아볼까요?

❶ 의자 끝까지 엉덩이를 넣고 등을 등받이에 붙인 후 허리를 곧게 폅니다.
❷ 다리를 어깨너비만큼 가지런히 모으고, 두 발이 바닥에 닿도록 합니다.
❸ 고개를 살짝 숙이고 책과 눈의 거리를 30~40㎝ 정도로 유지합니다.
❹ 두 팔을 책상 위에 올리고, 글씨를 쓰지 않는 손으로 책이 움직이지 않게 누릅니다.

★ 이런 자세로 앉으면 안 돼요!

꼭 알고 넘어가기

연필 바르게 잡기

젓가락을 바르게 잡으면 힘들지 않게 반찬을 집을 수 있습니다. 글씨 쓰기도 이와 마찬가지로 연필을 바르게 잡아야 글씨를 선명하게 쓰고, 긴 글도 지치지 않게 쓸 수 있습니다. 바르게 연필 잡는 방법을 알아볼까요?

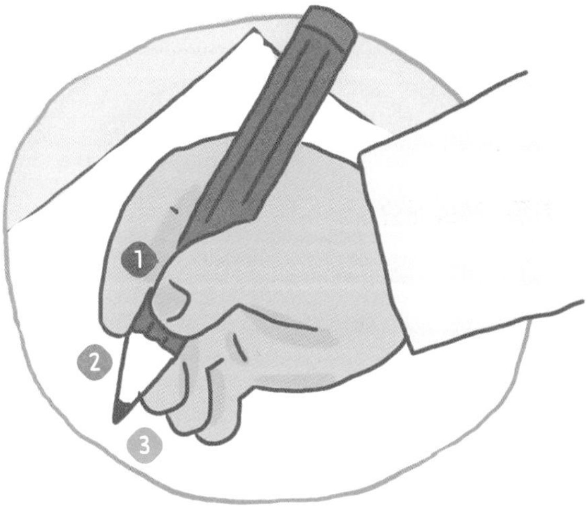

1. 엄지손가락과 집게손가락을 둥글게 해서 잡습니다.
2. 연필심에서 2.5~3㎝ 정도 떨어진 곳을 가볍게 잡습니다.
3. 연필과 종이는 각도가 60도 정도로 유지합니다.

★ 이렇게 잡으면 안 돼요!

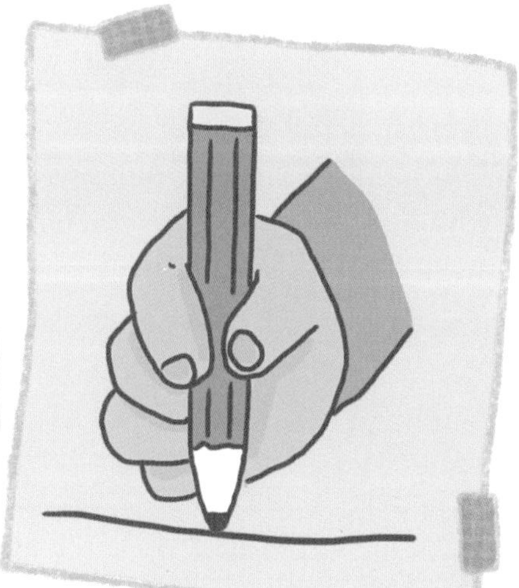

세 마리 토끼 잡는 쓰기 ■ 이렇게 **공부**해요!

1 매일매일 글씨 쓰기를 연습해요.

〈세 마리 토끼 잡는 쓰기_바른 글씨〉는 매일 4쪽씩(PART 3은 2쪽씩) 꾸준히 연습하는 책이에요. 책상에 바른 자세로 앉은 다음 연필을 알맞게 쥐고 한글부터 문장까지 쓰면서 연습할 수 있어요. 공부가 끝나면 '○일 학습 끝!' 붙임 딱지를 붙여 보세요.

2 다양한 방식으로 글씨 쓰기를 연습해요.

한글부터 문장까지, 네모 칸부터 줄까지 학습 일차가 지날수록 어려운 쓰기에 도전하며 연습해요. 또한 학교에서 활용하는 숫자, 기호, 영어 등도 써 보고 문학 작품의 일부분을 따라 쓰며 다양한 쓰기 연습을 할 수 있지요. 마지막으로 메모, 일기, 독서 감상문 등 실생활에 밀접하며 자신의 생각을 써 보는 활동도 하면서 쓰기의 모든 것을 연습해 봐요.

3 손 풀기로 시작하고 혼자 쓰기로 마무리해요.

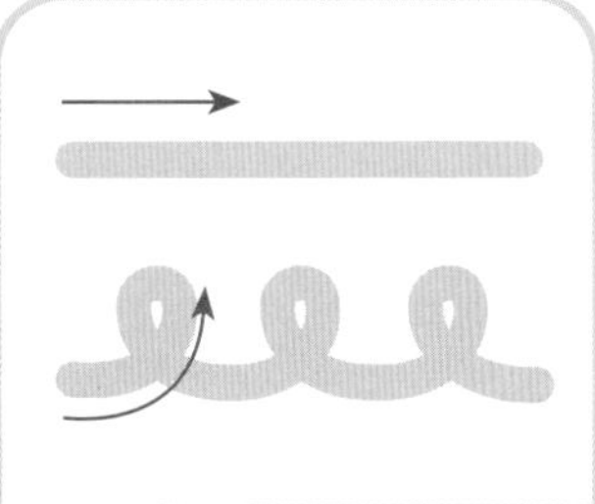

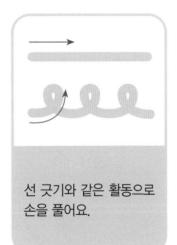

선 긋기와 같은 활동으로 손을 풀어요.

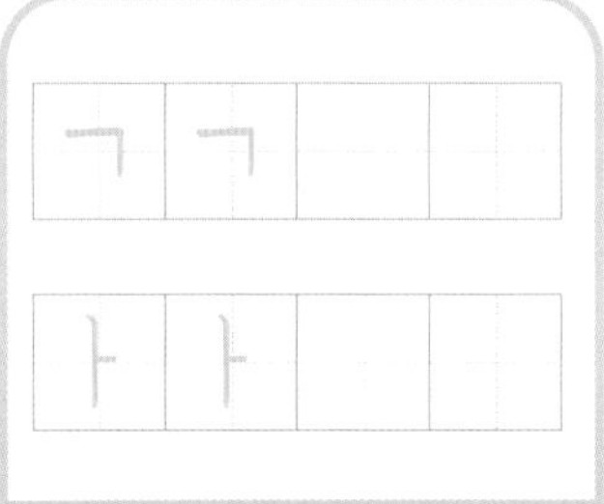

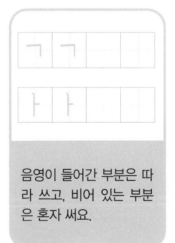

음영이 들어간 부분은 따라 쓰고, 비어 있는 부분은 혼자 써요.

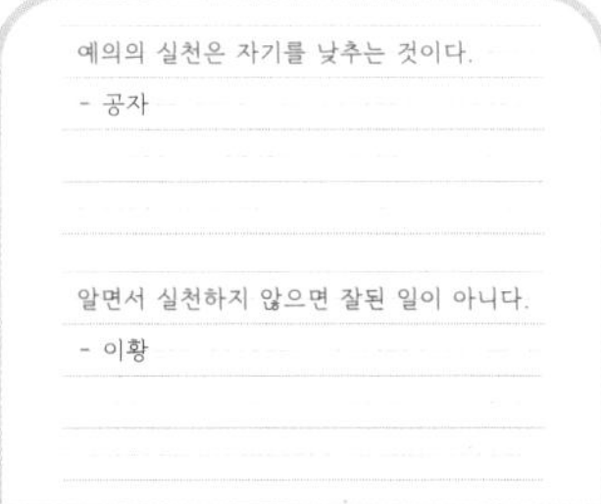

문장이나 글을 줄에 직접 쓰면서 나만의 서체를 연습해요.

세 마리 토끼 잡는 쓰기

| 바른 글씨 |

파트	일차	학습 내용
PART 1 **한글 쓰기**	01	또박또박 자음 쓰기
	02	또박또박 모음 쓰기
	03	받침 없는 낱말 쓰기
	04	받침 있는 낱말 쓰기
	05	네모 칸에 문장 쓰기
	06	줄에 받침 없는 낱말 쓰기
	07	줄에 받침 있는 낱말 쓰기
	08	줄에 문장 쓰기
PART 2 **교과 쓰기**	09	숫자, 기호, 단위 쓰기
	10	알파벳 쓰기
	11	교과 어휘 쓰기 1
	12	교과 어휘 쓰기 2
	13	안전 수칙 쓰기
	14	속담 쓰기
	15	명언 쓰기
	16	재미있는 이야기 쓰기
PART 3 **생각 쓰기**	17	하루를 떠올리며 일기 쓰기
	18	중요한 내용을 담은 메모와 알림장 쓰기
	19	독서 감상문 쓰기
	20	편지 쓰기
	21	자기소개서 쓰기

부록	바른 글씨 연습하기

PART 1

한글 쓰기

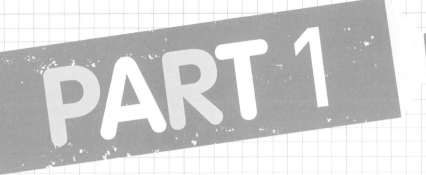

쓰기에 기본이 되는 한글 쓰기를 연습합니다.
자음과 모음을 포함하여 받침 없는 낱말부터 받침 있는 낱말로,
네모 칸 쓰기부터 줄에 쓰기로 점차 난이도를 높여 연습해 봅니다.

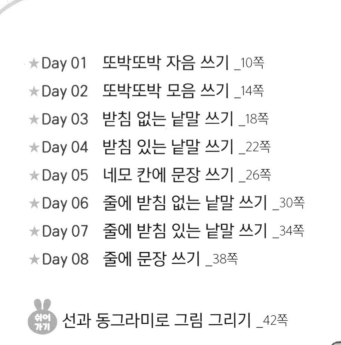

Day 01

또박또박 자음 쓰기

★ 선을 따라 그으면서 손을 풀어 보세요.

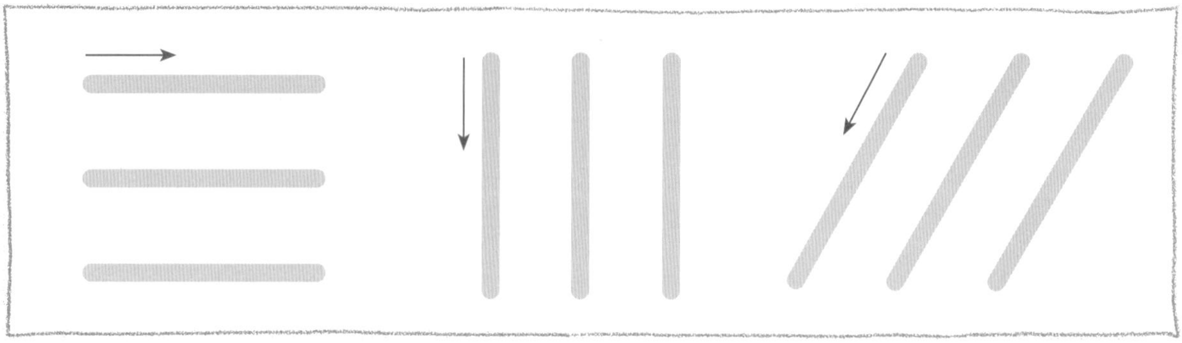

★ 자음 14자를 순서에 맞게 따라 써 보세요.

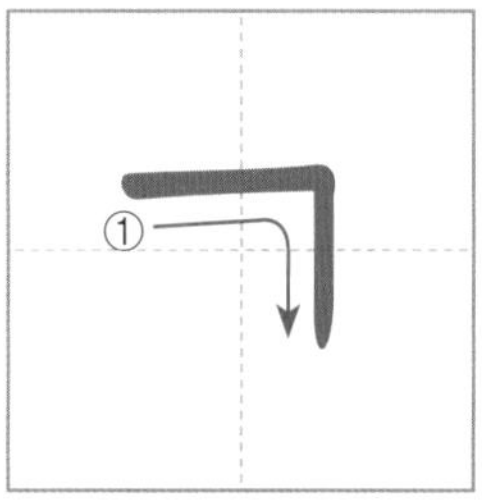

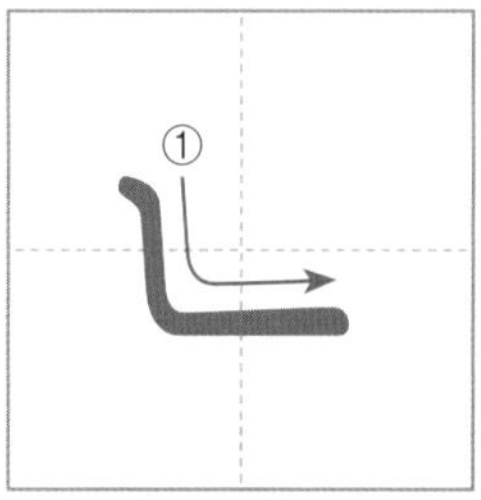

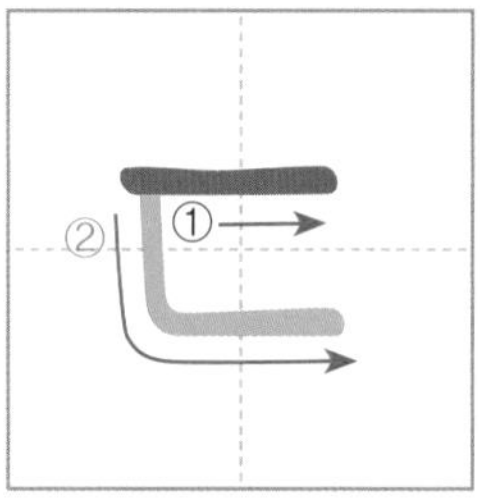

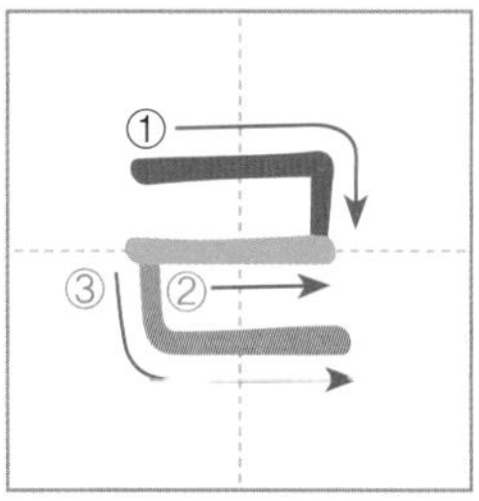

공부한 날짜 월 일

ㅁ	ㅁ	ㅁ	ㅁ		
ㅂ	ㅂ	ㅂ	ㅂ		
ㅅ	ㅅ	ㅅ	ㅅ		
ㅇ	ㅇ	ㅇ	ㅇ		
ㅈ	ㅈ	ㅈ	ㅈ		
ㅊ	ㅊ	ㅊ	ㅊ		

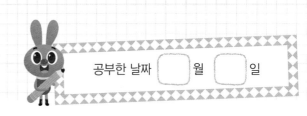

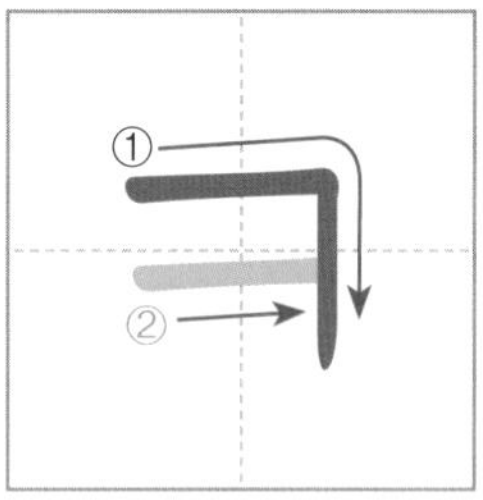

ㅋ ㅋ ㅋ

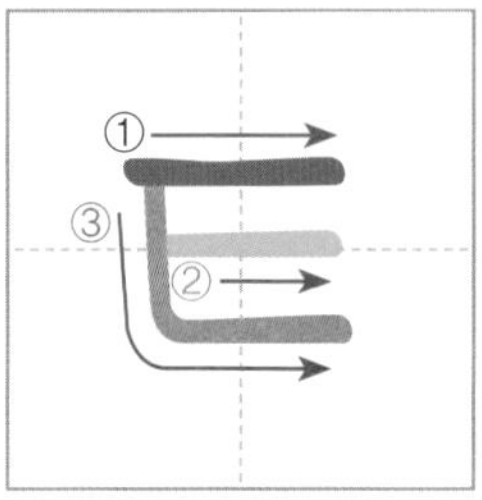

ㅌ ㅌ ㅌ

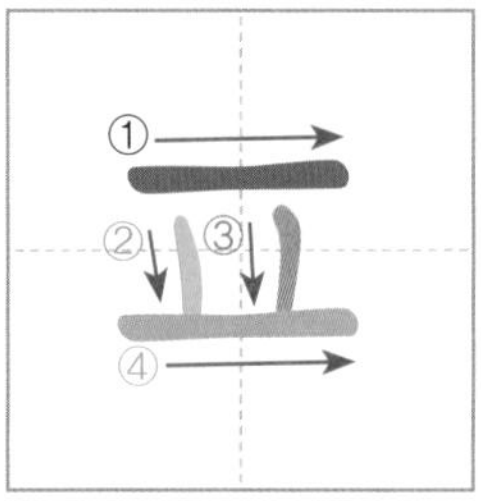

ㅍ ㅍ ㅍ

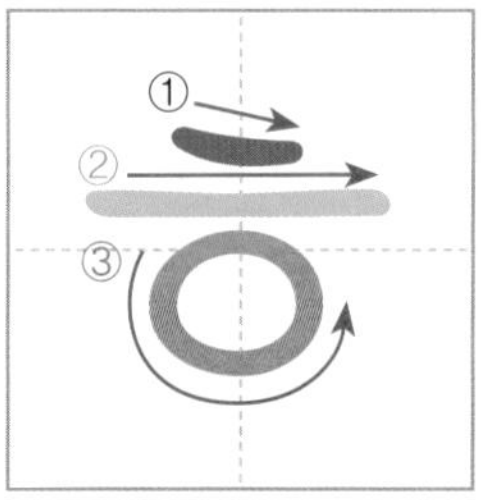

ㅎ ㅎ ㅎ

★ 자음 사이에 적당한 간격을 두고 따라 써 보세요.

ㄱ ㄴ ㄷ ㄹ ㅁ ㅂ ㅅ

ㅇ ㅈ ㅊ ㅋ ㅌ ㅍ ㅎ

쌍자음이란 똑같은 자음이 한 쌍(2개)으로 되어 있는 것이에요. 혼자 있는 자음과 달리 **소리를 내면 더 강하고 단단한 느낌**을 줘요. 모양이 복잡하지만 순서에 맞게 쓰면 예쁘게 쓸 수 있답니다.

1일
학습 끝!

붙임 딱지를 붙여요.

★ 쌍자음 5자를 순서에 맞게 따라 써 보세요.

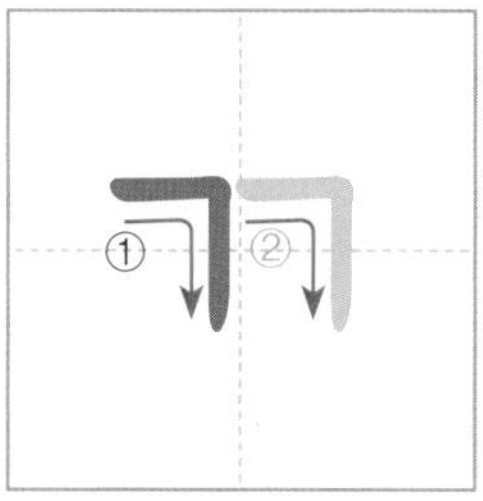

ㄲ ㄲ ㄲ

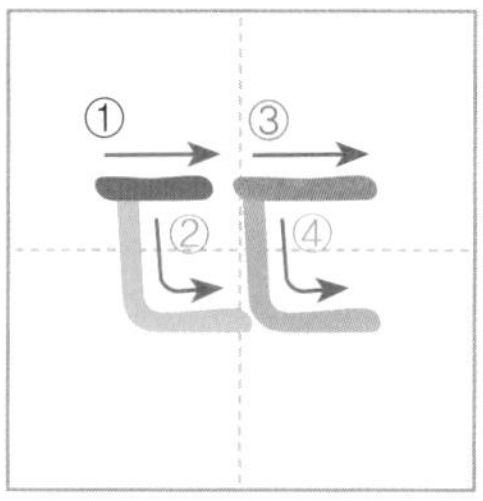

ㄸ ㄸ ㄸ

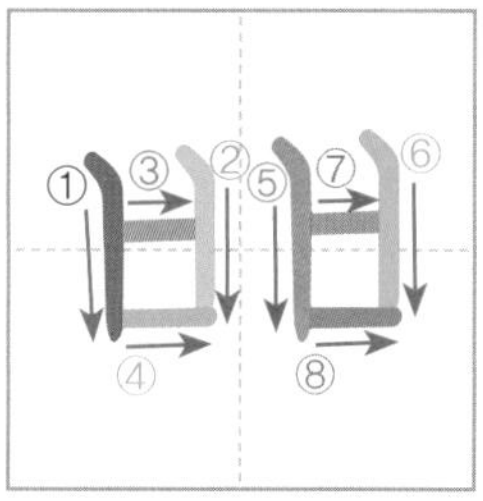

ㅃ ㅃ ㅃ

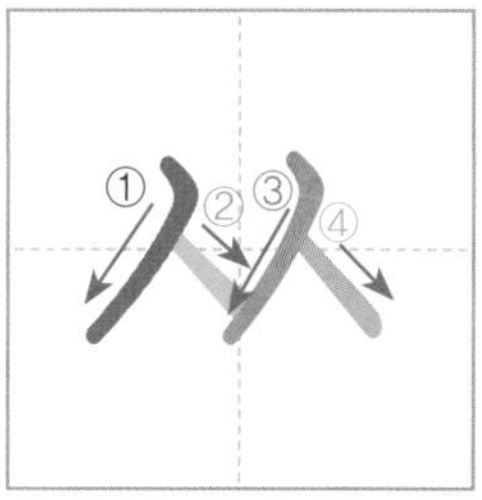

ㅆ ㅆ ㅆ

ㅉ ㅉ ㅉ

Day 02

또박또박 모음 쓰기

★ 선을 따라 그으면서 손을 풀어 보세요.

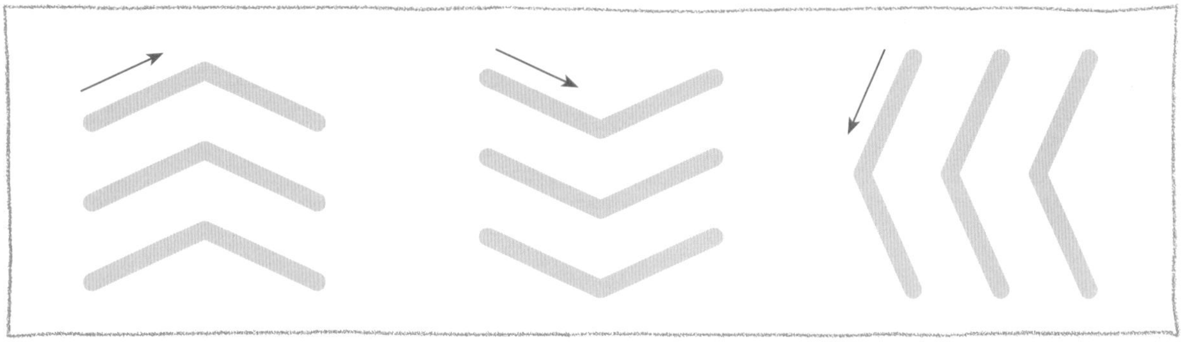

★ 모음 10자를 순서에 맞게 따라 써 보세요.

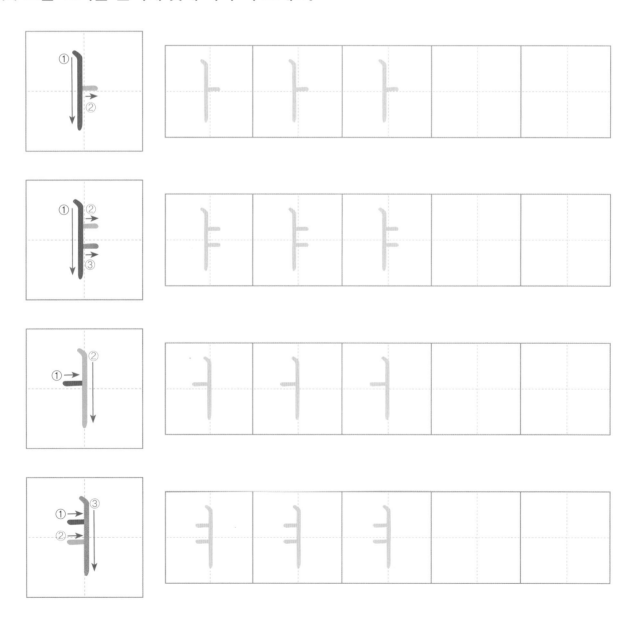

ㅏ ①② | ㅏ ㅏ ㅏ

ㅑ ①②③ | ㅑ ㅑ ㅑ

ㅓ ①② | ㅓ ㅓ ㅓ

ㅕ ①②③ | ㅕ ㅕ ㅕ

공부한 날짜 월 일

ㅗ (①, ②)	ㅗ	ㅗ	ㅗ		
ㅛ (①, ②, ③)	ㅛ	ㅛ	ㅛ		
ㅜ (①, ②)	ㅜ	ㅜ	ㅜ		
ㅠ (①, ②, ③)	ㅠ	ㅠ	ㅠ		
ㅡ (①)	ㅡ	ㅡ	ㅡ		
ㅣ (①)	ㅣ	ㅣ	ㅣ		

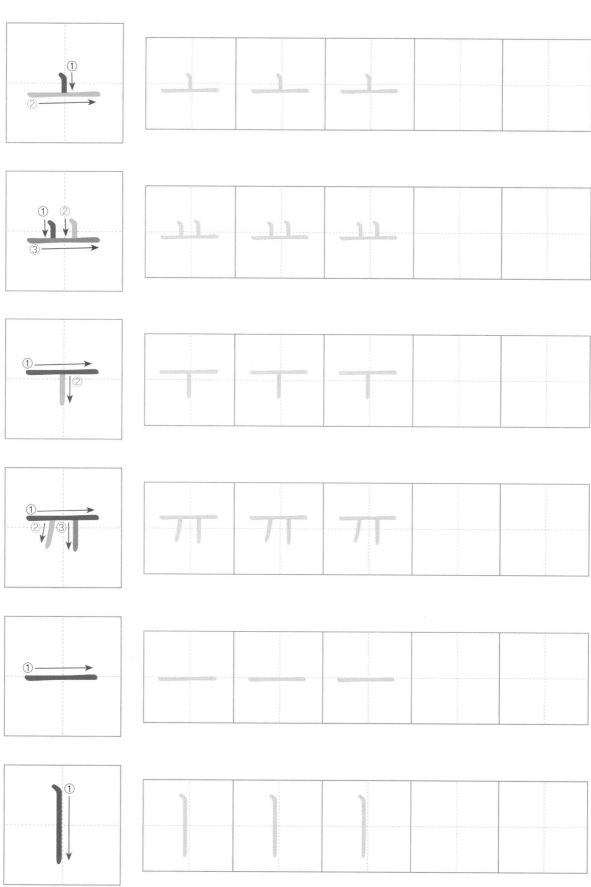

앞에서 쓴 모음과 다르게 **여러 개의 선**으로 구성된 **복잡한 모양**인 모음도 있어요. 복잡한 모양으로 있더라도 걱정하지 마세요. 순서에 맞게 쓰면 복잡한 모음도 예쁘게 쓸 수 있답니다.

★ 복잡한 모음 11자를 순서에 맞게 따라 써 보세요.

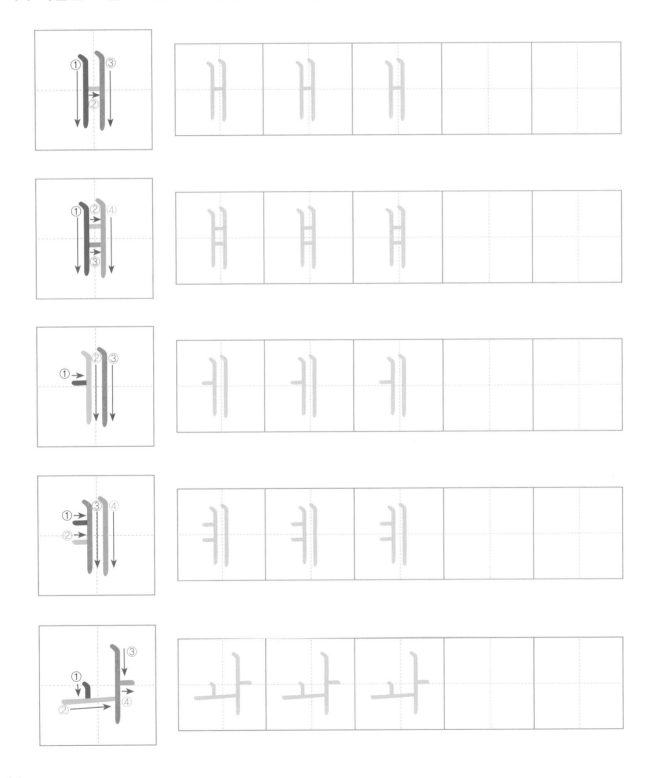

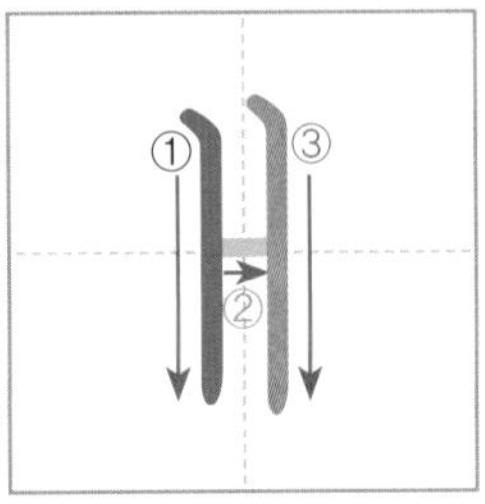

ㅐ	ㅐ	ㅐ		

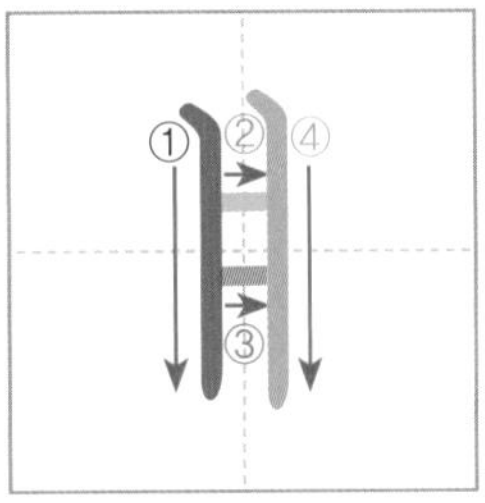

ㅒ	ㅒ	ㅒ		

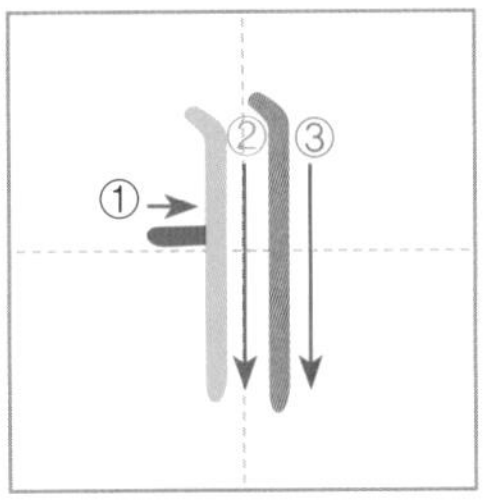

ㅔ	ㅔ	ㅔ		

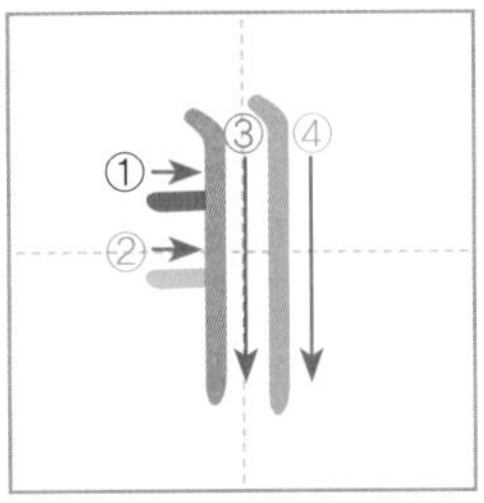

ㅖ	ㅖ	ㅖ		

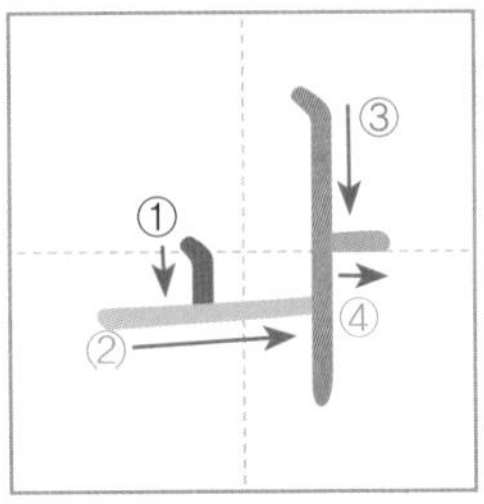

ㅘ	ㅘ	ㅘ		

2일
학습 끝!

붙임 딱지를 붙여요.

ㅙ	ㅙ	ㅙ	ㅙ		
ㅚ	ㅚ	ㅚ	ㅚ		
ㅝ	ㅝ	ㅝ	ㅝ		
ㅞ	ㅞ	ㅞ	ㅞ		
ㅟ	ㅟ	ㅟ	ㅟ		
ㅢ	ㅢ	ㅢ	ㅢ		

Day 03

받침 없는 낱말 쓰기

★ 선을 따라 그으면서 손을 풀어 보세요.

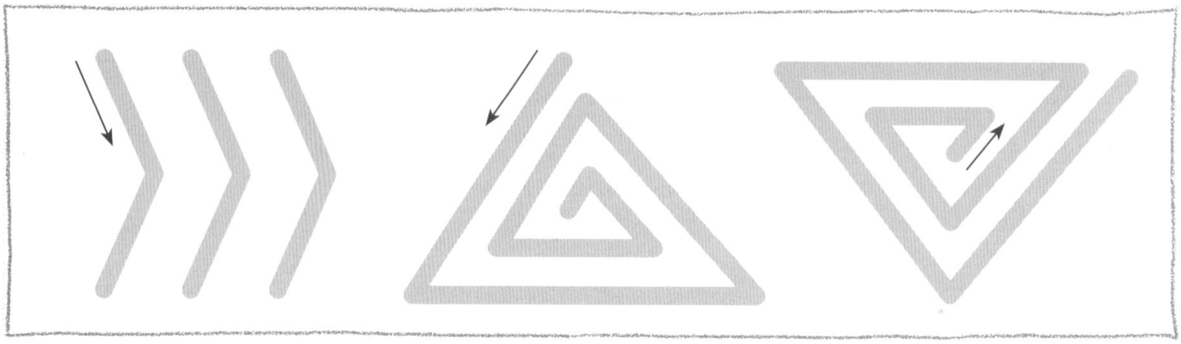

★ 낱말의 뜻과 쓰는 순서를 생각하며 써 보세요.

①거②	①미②	거	미	거	미
①나②	①비②	나	비	나	비
①제②	①비②	제	비	제	비
①오②	①리②	오	리	오	리

공부한 날짜 월 일

너구리

사자

여우

토끼

두꺼비

하마

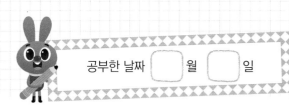

①가②	①지②

가	지

가	지

①도②	①토②	①리②

도	토	리

①사②	①과②

사	과

사	과

①자②	①두②

자	두

자	두

①포②	①도②

포	도

포	도

①바②	①나②	①나②

바	나	나

3일
학습 끝!

붙임 딱지를 붙여요.

①모②	①자②

모	자

모	자

①저②	①고②	①리②

저	고	리

①바②	①지②

바	지

바	지

①치②	①마②

치	마

치	마

①주②	①머②	①니②

주	머	니

①구②	①두②

구	두

구	두

Day 04

받침 있는 낱말 쓰기

★ 선을 따라 그으면서 손을 풀어 보세요.

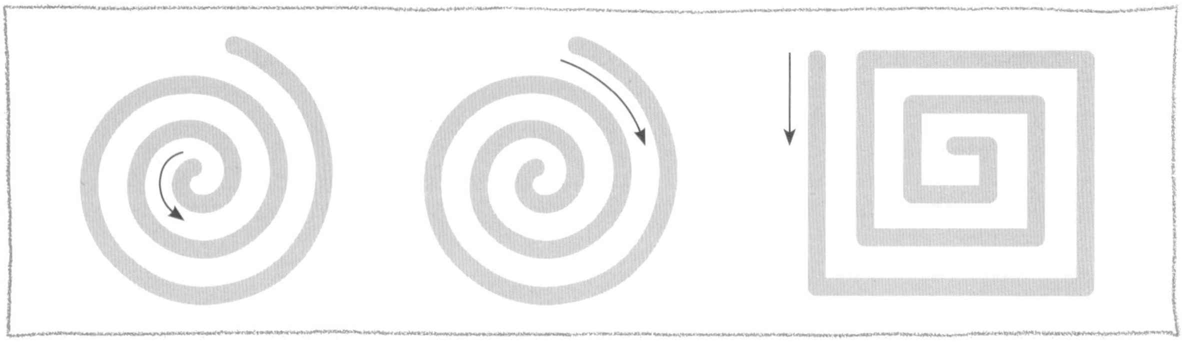

★ 낱말의 뜻과 쓰는 순서를 생각하며 써 보세요.

학교 | 학교 | 학교

연필 | 연필 | 연필

선생님 | 선생님

준비물 | 준비물

공부한 날짜 월 일

①칠②③	①판②③

칠	판

칠	판

①줄②③	①넘②③	①기②

줄	넘	기

①책②③	①상②③

책	상

책	상

①필②③	①통②③

필	통

필	통

①도②	①서②	①관②③

도	서	관

①문②③	①방②③	①구②

문	방	구

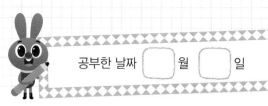

같은 자음이 겹쳐서 이루어진 받침을 쌍받침, 서로 다른 두 개의 자음으로 이루어진 받침을 겹받침이라 해요. 아래 쌍받침 2개와 겹받침 9개는 우리 주변에서 쉽게 볼 수 있어요. 자주 사용하지 않지만 'ㄺ'과 'ㄿ'도 겹받침의 한 종류랍니다.

★ 쌍받침과 겹받침이 들어간 낱말의 뜻을 생각하며 써 보세요.

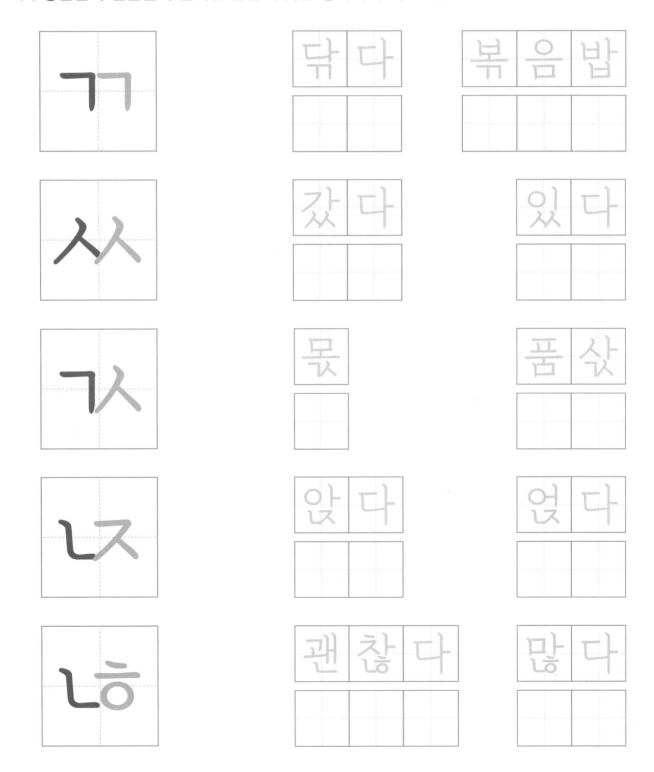

ㄲ
닦다
볶음밥

ㅆ
갔다
있다

ㄳ
몫
품삯

ㄵ
앉다
얹다

ㄶ
괜찮다
많다

4일 학습 끝!

붙임 딱지를 붙여요.

ㄺ

굵다 읽다

ㄻ

옮기다 젊다

ㄼ

여덟 얇다

ㄾ

핥다 훑다

ㅀ

옳다 싫다

ㅄ

값 없다

Day 05

네모 칸에 문장 쓰기

★ 선을 따라 그으면서 손을 풀어 보세요.

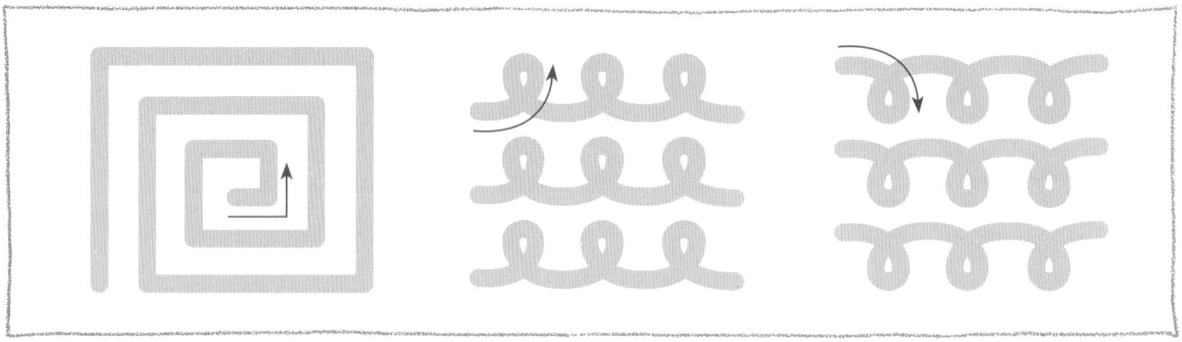

★ 글자의 크기를 일정하게 유지하며 문장을 써 보세요.

안	녕	하	세	요	?				

만	나	서		반	가	워	요	.	

학	교	에		가	요	.			

안	녕	,	내	일		보	자	.	

공부한 날짜 (   ) 월 (   ) 일

생일 축하해.

엄마, 아빠 사랑해요.

고맙습니다.

기분이 좋아요.

친구야, 미안해.

나는 행복해요.

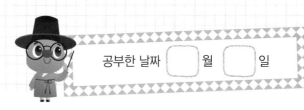

신	나	게		놀	자	!			

어	디	로		갈	까	요	?		

“	아	빠	,	배	고	파	요	. ”	

‘	정	말		다	행	이	야	. ’	

많	이		아	프	지	?			

차	가		온	다	.	조	심	해	!

5일
학습 끝!

붙임 딱지를 붙여요.

병아리는 삐약삐약.

바람이 쌩쌩 불어요.

물이 펄펄 끓어요.

살금살금 기어가요.

반짝반짝 빛나는 별.

차근차근 정리해요.

Day 06

줄에 받침 없는 낱말 쓰기

★ 선을 따라 그으면서 손을 풀어 보세요.

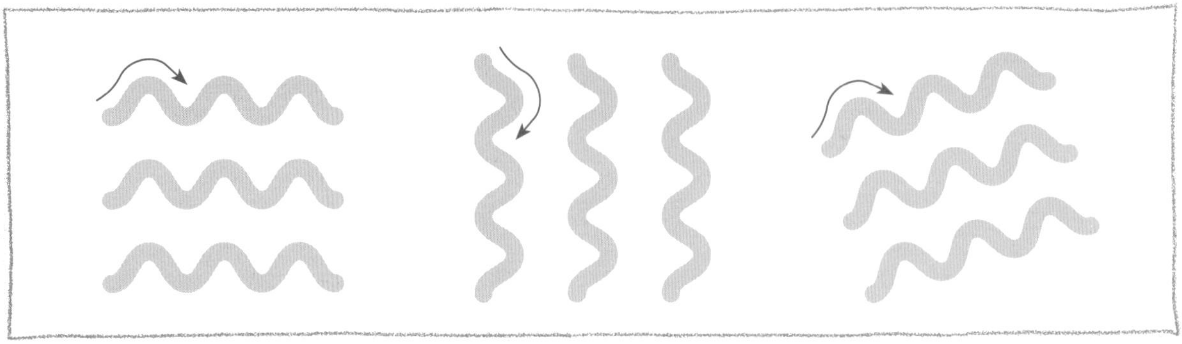

★ 글자와 글자 사이에 적당한 간격을 두고 써 보세요.

나 너 우리 아기

아버지 어머니 고모 이모

노래 소리 미소 재미

무 파 오이 모과

공부한 날짜 월 일

자세 쓰기 바르다 주의

나무 쉬다 무지개 휴가

허수아비 고구마 도라지 고추

치타 고라니 돼지 꼬리

지치다 쓰다 자다 깨지다

두부 우유 고기 과자

사다리 의자 이사 가구

버스 수레 기차 가마

나그네 해 외투 포기

치과 주사기 치료 보호소

우주 쓰레기 시소 나이테

띠지 표시 자료 소개

6일
학습 끝!

붙임 딱지를 붙여요.

머리 어깨 허리 다리

채소 바구니 보자기 호미

기러기 부리 타조 까치

라디오 마이크 아파트 마스크

바다 파도 호수 배

피아노 하모니카 기타 피리

Day 07

줄에 받침 있는 낱말 쓰기

★ 선을 따라 그으면서 손을 풀어 보세요.

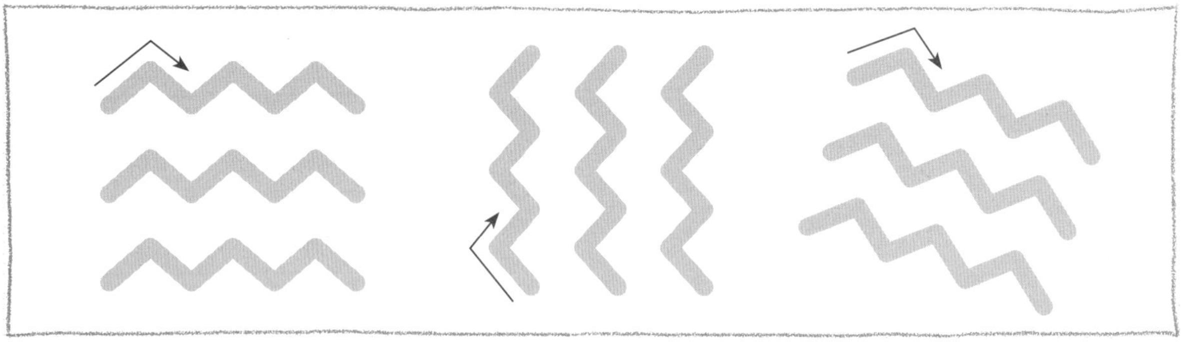

★ 글자와 글자 사이에 적당한 간격을 두고 써 보세요.

낱말 익히기 읽기 글자

한글 받침 자음 모음

주인공 제목 만화책 공룡

초록색 노랑 빨강 파랑

공부한 날짜 ( ) 월 ( ) 일

동물 다람쥐 코뿔소 호랑이

도서관 대출 반납 연장

과일 딸기 오렌지 멜론

임금님 공주 왕자 여왕

빗방울 우산 주룩주룩 장화

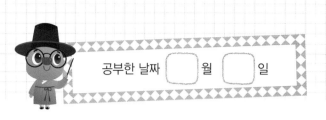

함박눈 눈사람 썰매 눈싸움

운동 축구 농구 탁구

신호등 횡단보도 육교 자동차

나뭇잎 단춧구멍 날갯짓 하굣길

우체국 소방서 경찰서 시장

수술실 진찰실 입원 퇴원

행복 질투 사랑 걱정

7일
학습 끝!

붙임 딱지를 붙여요.

식물 민들레 풀꽃 강아지풀

놀이터 숨바꼭질 술래잡기

줄넘기 학예회 공연 인형극

연극 소방관 재봉사 해적

도둑 안경 돋보기 망원경

거울 쨍쨍 울긋불긋 찰칵

Day 08

줄에 문장 쓰기

★ 선을 따라 그으면서 손을 풀어 보세요.

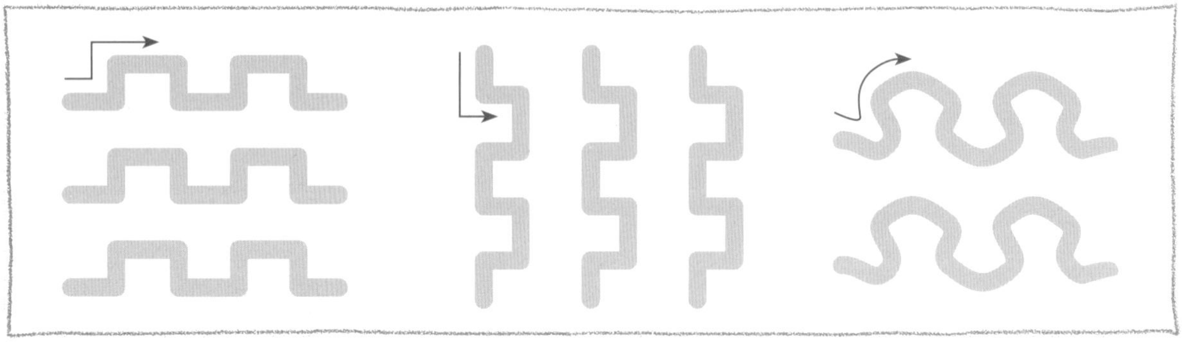

★ 띄어쓰기에 주의하며 문장을 써 보세요.

잘 먹겠습니다.

친구야, 오랜만이야.

나는 괜찮아요.

도와줘서 고마워.

공부한 날짜 월 일

안녕히 주무세요.

좋은 아침이에요.

'내가 너무 게으름을 피웠어.'

함께 공놀이하자!

우리 강아지 보러 갈래?

"무슨 일이 있니?"

수수께끼를 풀어 봅니다.

푸른 하늘을 바라봅니다.

친구와 함께 도서관에 갑니다.

큰 소리로 책을 읽습니다.

기침감기를 낫게 합니다.

기차가 움직이기 시작합니다.

8일
학습 끝!

붙임 딱지를 붙여요.

가슴이 두근두근 뛰어요.

사과가 주렁주렁 달려 있어요.

반죽이 물렁물렁해요.

박수를 짝짝 칩니다.

바람이 살랑살랑 불어와요.

토끼가 깡충깡충 뛰어요.

쉬어 가기

선과 동그라미로 그림 그리기

★ 한글은 선과 동그라미로 이루어져 있어요. 다양한 종류의 선을 따라 그려 보세요. 아마 눈 깜짝하는 사이에 글씨 쓰는 감각이 살아날 거예요.

★ 다음 그림을 따라 그리면서 다양한 표정을 완성해 보세요. 그리고 그 안에 색을 채워 예쁘게 꾸며 보세요.

PART 2

교과 쓰기

학교에서 공부하는 숫자, 영어, 교과 어휘, 안전 수칙 등을 따라 쓰며 연습합니다.
한 단계 더 나아가 배경지식과 인성에 도움이 되는 속담과 명언으로 쓰기를 연습하고,
재미있는 이야기를 필사하며 바른 글씨를 완성합니다.

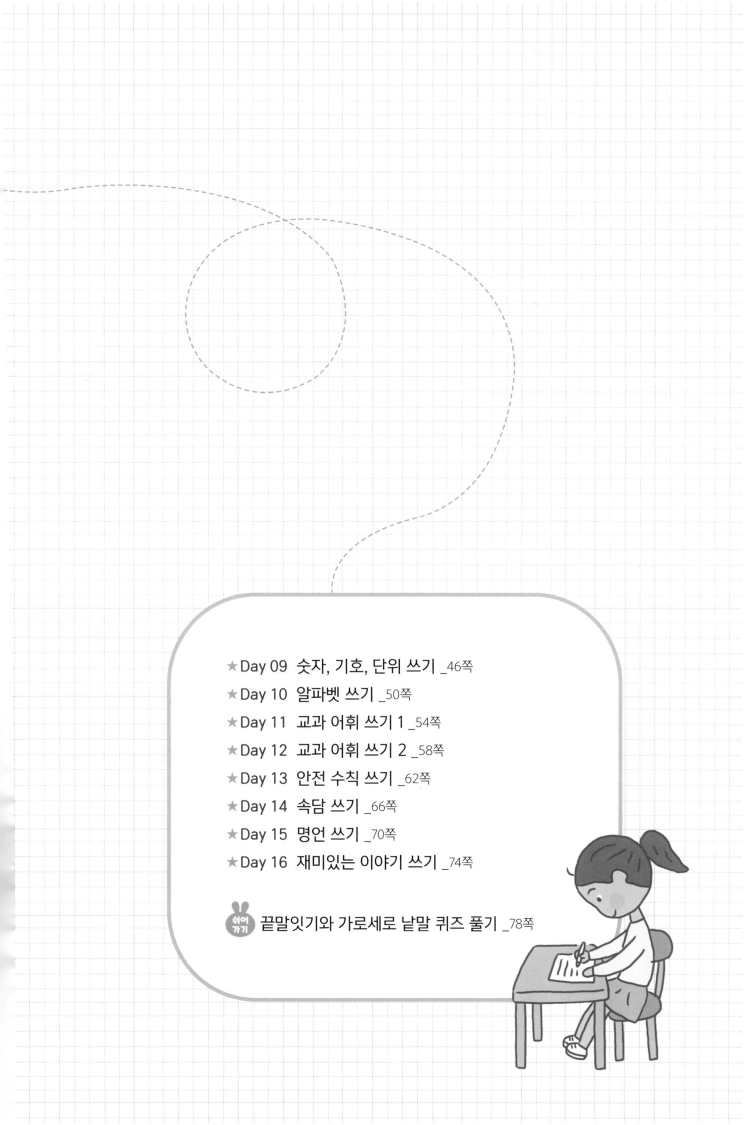

Day 09

숫자, 기호, 단위 쓰기

★ 선을 따라 그으면서 손을 풀어 보세요.

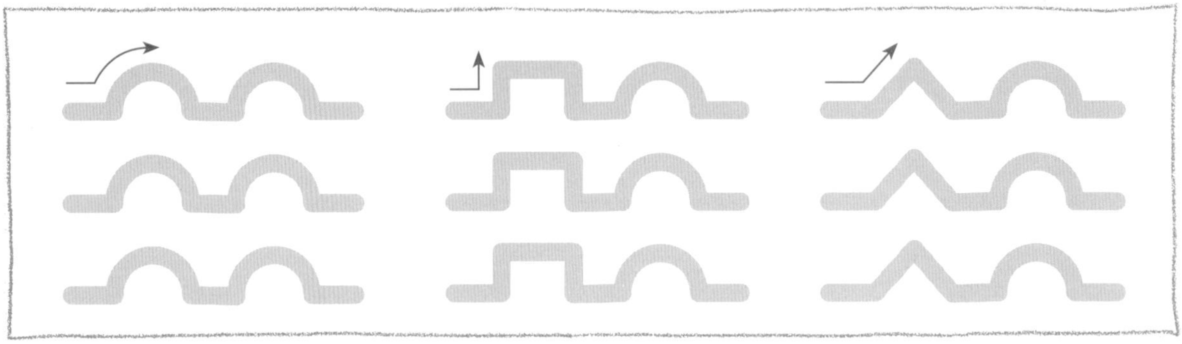

★ 1에서 10까지 숫자를 순서에 맞게 써 보세요.

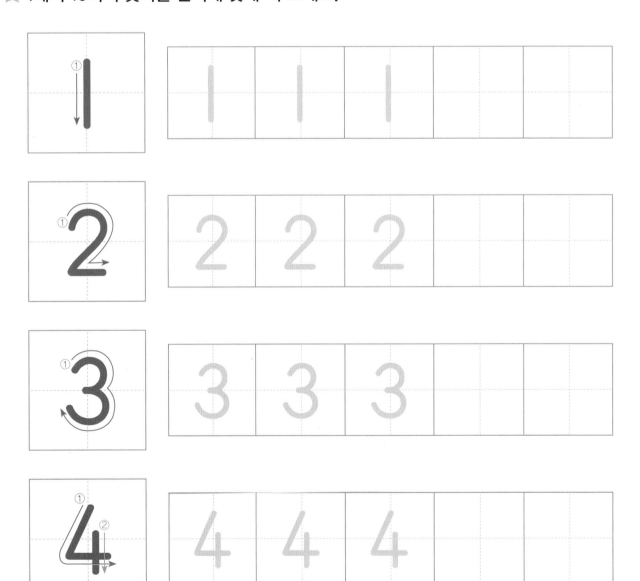

① 1	1	1	1		
① 2	2	2	2		
① 3	3	3	3		
① ② 4	4	4	4		

공부한 날짜 [ ] 월 [ ] 일

5	5	5	5		
6	6	6	6		
7	7	7	7		
8	8	8	8		
9	9	9	9		
10	10	10	10		

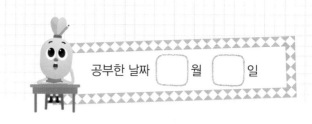

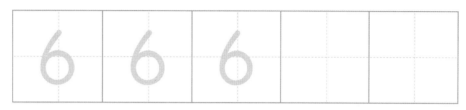

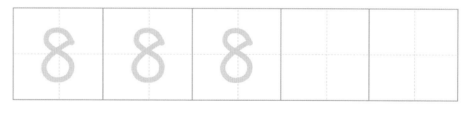

수학에는 **덧셈**, **뺄셈**, **곱셈**, **나눗셈**을 각각 기호로 만들어서 사용해요. 그리고 식이나 두 수가 같음을 나타내는 **등호(=)**도 사용한답니다. 다양한 기호를 알아두면 수학 문제를 풀 때 활용할 수 있어요.

★ 수학에서 사용하는 기호를 따라 써 보세요.

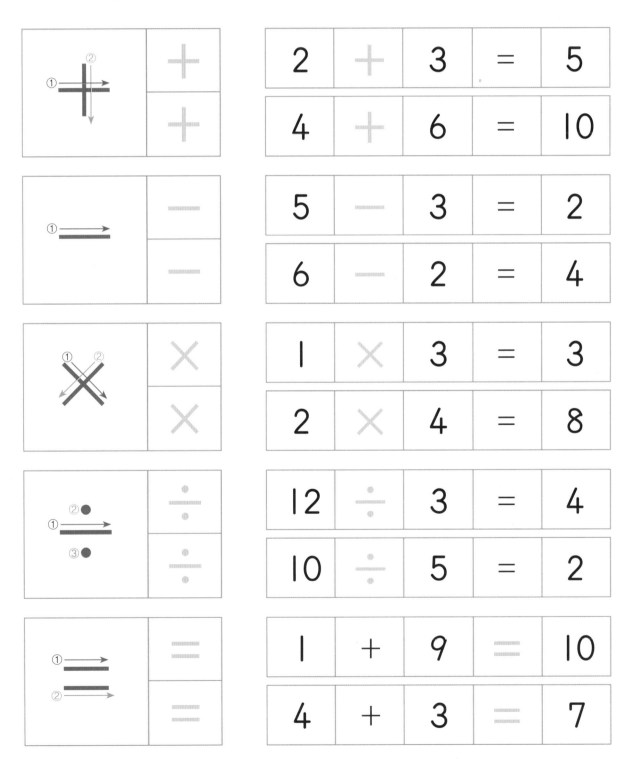

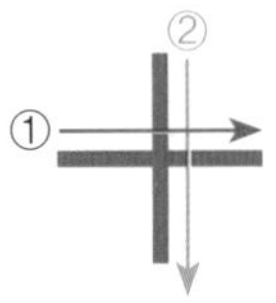

+	+

2	+	3	=	5
4	+	6	=	10

−	−

5	−	3	=	2
6	−	2	=	4

×	×

1	×	3	=	3
2	×	4	=	8

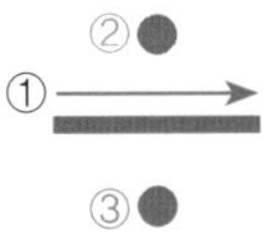

÷	÷

12	÷	3	=	4
10	÷	5	=	2

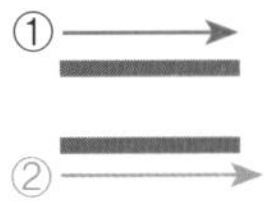

=	=

1	+	9	=	10
4	+	3	=	7

단위는 **길이**, **무게**, **부피**, **시간** 등의 수량을 수치로 나타낼 때 기초가 되는 **일정한 기준**이에요. 우리가 일상생활에서 많이 쓰는 단위에는 **그램**, **미터**, **리터** 등이 있어요.

9일 학습 끝!

붙임 딱지를 붙여요.

★ 여러 가지 단위를 따라 써 보세요.

g [그램]	kg [킬로그램]	1000g은 1kg입니다.
		우리 강아지는 5kg입니다.

mm [밀리미터]	cm [센티미터]	10mm는 1cm입니다.
		내 키는 125cm입니다.

m [미터]	km [킬로미터]	1000m는 1km입니다.
		3km를 달렸습니다.

ml [밀리리터]	l [리터]	1000ml는 1l입니다.
		우유 500ml를 마셨습니다.

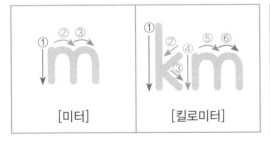

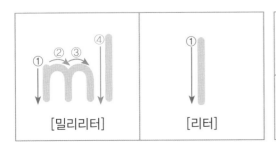

Day 10

알파벳 쓰기

★ 선을 따라 그으면서 손을 풀어 보세요.

★ 알파벳 26자의 대문자와 소문자를 순서에 맞게 따라 써 보세요.

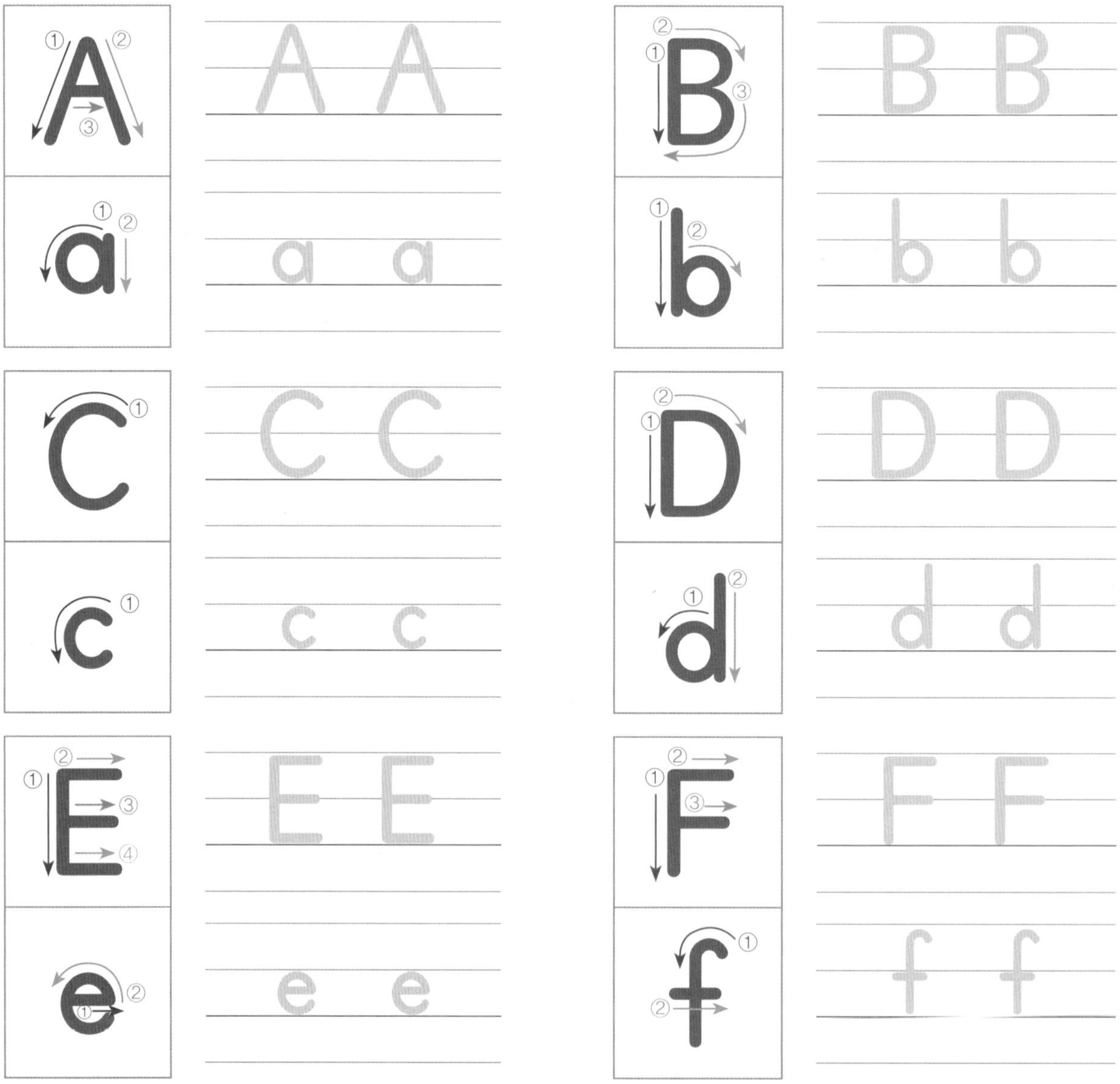

공부한 날짜 월 일

G G G
g g g

H H H
h h h

I I I
i i i

J J J
j j j

K K K
k k k

L L L
l l l

M M M
m m m

N N N
n n n

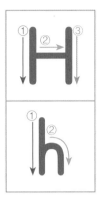

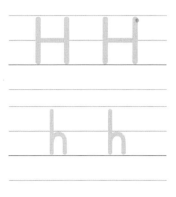

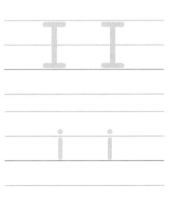

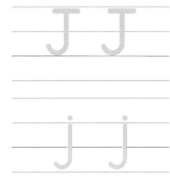

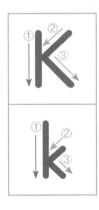

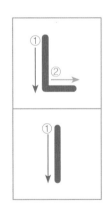

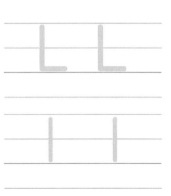

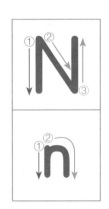

O	O O	P	P P
o	o o	p	p p
Q	Q Q	R	R R
q	q q	r	r r
S	S S	T	T T
s	s s	t	t t
U	U U	V	V V
u	u u	v	v v

10일
학습 끝!

붙임 딱지를 붙여요.

W W W
w w w

X X X
x x x

Y Y Y
y y y

Z Z Z
z z z

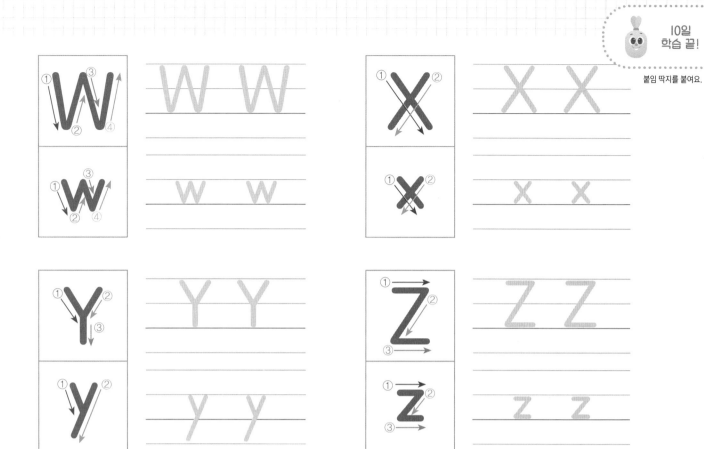

★ A부터 Z까지 알파벳 대문자와 소문자를 따라 써 보세요.

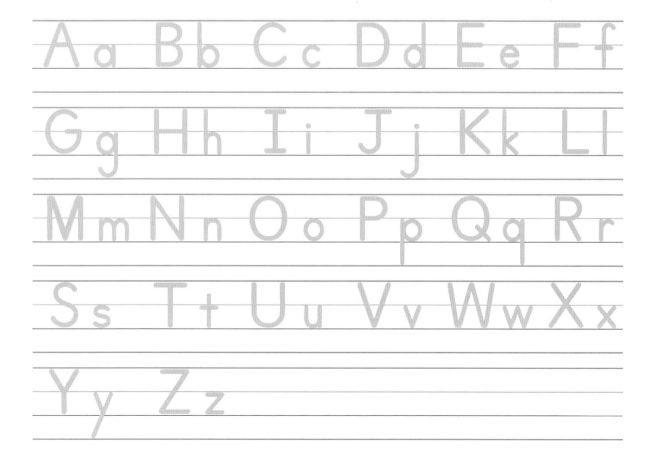

Aa Bb Cc Dd Ee Ff

Gg Hh Ii Jj Kk Ll

Mm Nn Oo Pp Qq Rr

Ss Tt Uu Vv Ww Xx

Yy Zz

Day 11 교과 어휘 쓰기 1

★ 선을 따라 그으면서 손을 풀어 보세요.

★ 낱말의 뜻과 쓰는 순서를 생각하며 주제별 교과 어휘를 따라 써 보세요.

신체

발	가	락	발	가	락	발	가	락

손	가	락	손	가	락	손	가	락

머	리	카	락	머	리	카	락

눈	썹	눈	썹	눈	썹	눈	썹

발	목	발	목	발	목	발	목

손	목	손	목	손	목	손	목

공부한 날짜 월 일

계절

봄	봄	봄	봄	봄
씨앗	씨앗	씨앗	씨앗	
여름	여름	여름	여름	
더위	더위	더위	더위	
가을	가을	가을	가을	
낙엽	낙엽	낙엽	낙엽	
겨울	겨울	겨울	겨울	
새해	새해	새해	새해	
방학	방학	방학	방학	
사계절	사계절	사계절		

국어

글	씨		글	씨	글	씨	글	씨
쓰	기		쓰	기	쓰	기	쓰	기
공	부		공	부	공	부	공	부
까	닭		까	닭	까	닭	까	닭
비	교		비	교	비	교	비	교
짜	임		짜	임	짜	임	짜	임
끝	말	잇	기		끝	말	잇	기
동	시		동	시	동	시	동	시
장	면		장	면	장	면	장	면
낭	송		낭	송	낭	송	낭	송

11일
학습 끝!

붙임 딱지를 붙여요.

수학

숫자	숫자	숫자	숫자
덧셈	덧셈	덧셈	덧셈
뺄셈	뺄셈	뺄셈	뺄셈
계산	계산	계산	계산
곱셈	곱셈	곱셈	곱셈
짝수	짝수	짝수	짝수
홀수	홀수	홀수	홀수
삼각형	삼각형	삼각형	
사각형	사각형	사각형	
꼭짓점	꼭짓점	꼭짓점	

Day 12

교과 어휘 쓰기 2

★ 선을 따라 그으면서 손을 풀어 보세요.

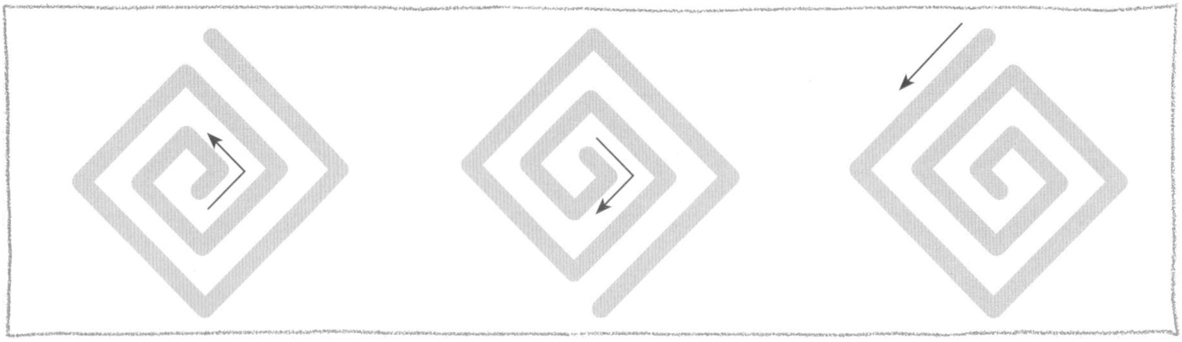

★ 낱말의 뜻과 쓰는 순서를 생각하며 주제별 교과 어휘를 따라 써 보세요.

가족

가 정	가 정	가 정	가 정
인 사	인 사	인 사	인 사
예 절	예 절	예 절	예 절
집 안 일	집 안 일	집 안 일	
친 척	친 척	친 척	친 척
결 혼	결 혼	결 혼	결 혼

공부한 날짜 월 일

학교

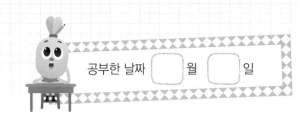

교실	교실	교실	교실
교과서	교과서	교과서	
친구	친구	친구	친구
이름	이름	이름	이름
과학실	과학실	과학실	
급식	급식	급식	급식
학급	학급	학급	학급
어깨동무	어깨동무		
등교	등교	등교	등교
하교	하교	하교	하교

국어

글감	글감	글감	글감
뒷말	뒷말	뒷말	뒷말
첫소리	첫소리	첫소리	
발표	발표	발표	발표
경험	경험	경험	경험
표현	표현	표현	표현
역할	역할	역할	역할
옛이야기	옛이야기		
맞춤법	맞춤법	맞춤법	
연습	연습	연습	연습

12일
학습 끝!

붙임 딱지를 붙여요.

수학

등호	등호	등호	등호
연산	연산	연산	연산
크기	크기	크기	크기
무게	무게	무게	무게
넓이	넓이	넓이	넓이
길이	길이	길이	길이
시간	시간	시간	시간
단위	단위	단위	단위
규칙	규칙	규칙	규칙
분류	분류	분류	분류

Day 13

안전 수칙 쓰기

★ 선을 따라 그으면서 손을 풀어 보세요.

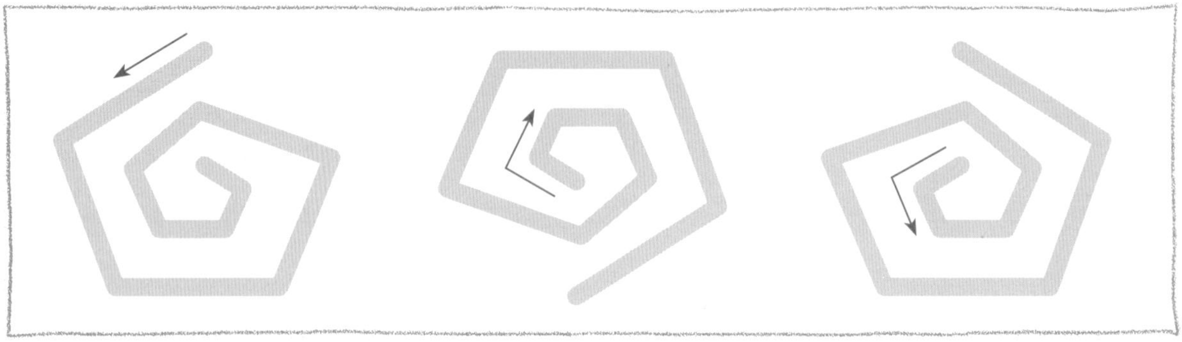

★ 안전 수칙을 따라 쓰고, 띄어쓰기에 주의하며 줄에 안전 수칙을 써 보세요.

학교에서 생활할 때

계단 난간을 잡아요.

문을 밀치지 않아요.

바른 자세로 앉아요.

안에서 뛰지 않아요.

공부한 날짜 월 일

횡단보도를 건널 때

횡단보도에서 멈춰요.

차가 오는지 살펴요.

손을 들고 건너요.

인도로 걸어요.

무단횡단은 안 돼요.

절대 뛰지 않아요.

버스나 전철을 탈 때

안전띠를 매요.

얌전히 앉아서 가요.

손잡이를 잡아요.

천천히 내려요.

틈 사이를 조심해요.

한 줄로 기다려요.

13일
학습 끝!

붙임 딱지를 붙여요.

불이 났을 때

"불이야."를 외쳐요.

소방서에 전화해요.

낮은 자세로 피해요.

계단을 이용해요.

안전한 곳으로 가요.

신속하게 대피해요.

Day 14

속담 쓰기

★ 선을 따라 그으면서 손을 풀어 보세요.

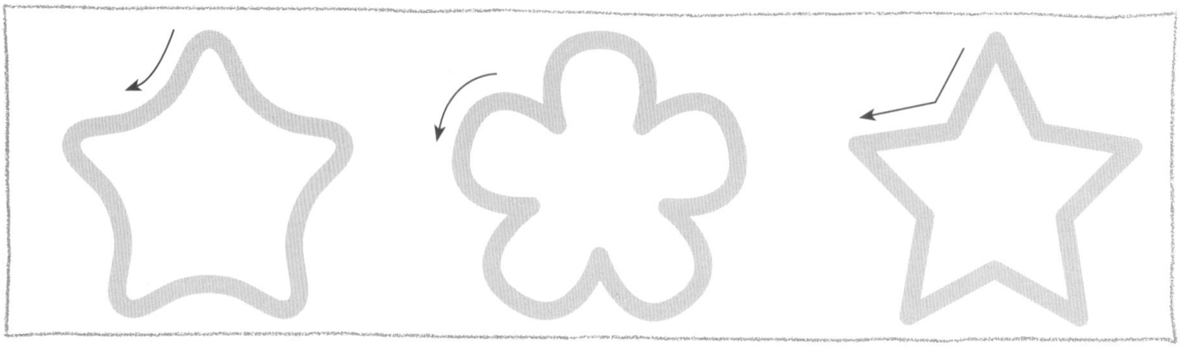

★ 속담을 따라 쓰고, 띄어쓰기에 주의하며 줄에 속담을 써 보세요.

동물

가	재	는		게		편			

↳ 뜻 서로 비슷한 것끼리 잘 어울리고 감싸 준다.

독		안	에		든		쥐		

↳ 뜻 궁지에서 벗어날 수 없는 처지에 놓였다.

쇠	귀	에		경		읽	기		

↳ 뜻 아무리 가르치고 일러 주어도 알아듣지 못하거나 효과가 없다.

공부한 날짜 　 월 　 일

말조심

가	는		말	이		고	와	야	
오	는		말	이		곱	다	.	

↳ 뜻 내가 먼저 좋게 말하고 행동해야 남도 나에게 좋게 대한다.

말		한	마	디	에		천		냥
빚	도		갚	는	다	.			

↳ 뜻 말을 잘하면 어려운 일이나 불가능해 보이는 일도 해결할 수 있다.

발		없	는		말	이		천	
리		간	다	.					

↳ 뜻 말은 발이 없지만 멀리까지 순식간에 퍼지는 것처럼 말조심해야 한다.

배움

낫 놓고 기역 자도 모른다.

↳ 뜻 기역 자 모양으로 생긴 낫을 보고도 기역 자를 모르는 것처럼 무식하다.

서당 개 삼 년에 풍월을 읊는다.

↳ 뜻 한 가지 분야에 오래 있으면 깊은 지식을 갖게 된다.

하나를 듣고 열을 안다.

↳ 뜻 한마디 말을 듣고 여러 가지 사실을 알 정도로 매우 총기가 있다.

14일
학습 끝!

붙임 딱지를 붙여요.

지혜

구슬이 서 말이라도 꿰어야 보배

└➤ 뜻 아무리 좋은 것이라도 다듬어서 쓸모 있게 만들어야 값어치가 있다.

백지장도 맞들면 낫다.

└➤ 뜻 쉬운 일이라도 협력하면 훨씬 쉽다.

천 리 길도 한 걸음부터

└➤ 뜻 무슨 일을 하던 그 시작이 중요하다.

Day 15

명언 쓰기

★ 선을 따라 그으면서 손을 풀어 보세요.

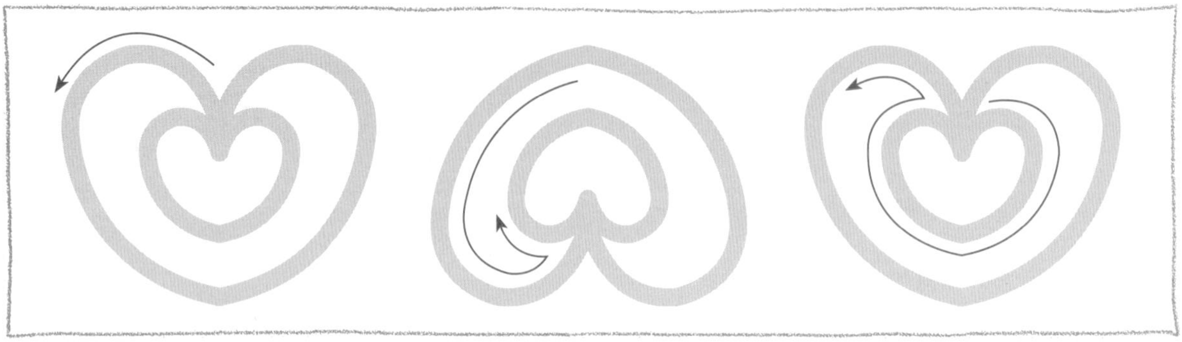

★ 명언의 의미를 생각하며 줄에 명언을 써 보세요.

공부와 독서

하루라도 책을 읽지 않으면 입안에 가시가 돋는다. - 안중근

독서야말로 인간이 해야 할 첫 번째 깨끗한 일이다. - 정약용

공부한 날짜 월 일

노력과 실천

성공은 매일 부단하게 반복된 작은 노력의 합산이다. - 괴테

알면서 실천하지 않으면 잘된 일이 아니다. - 이황

나는 해야 한다. 그러므로 나는 할 수 있다. - 칸트

모든 일은 마음먹기에 달렸다.

- 원효

나약한 태도는 성격도 나약하게 만든다.

- 아인슈타인

인간은 패배하도록 만들어지지 않았다.

- 헤밍웨이

15일
학습 끝!

붙임 딱지를 붙여요.

예의

예의는 남과 화목함을 으뜸으로 삼는다.

- 논어

예의의 실천은 자기를 낮추는 것이다.

- 공자

현명해지려면 겸손하라.

- 톨스토이

Day 16

재미있는 이야기 쓰기

★ 선을 따라 그으면서 손을 풀어 보세요.

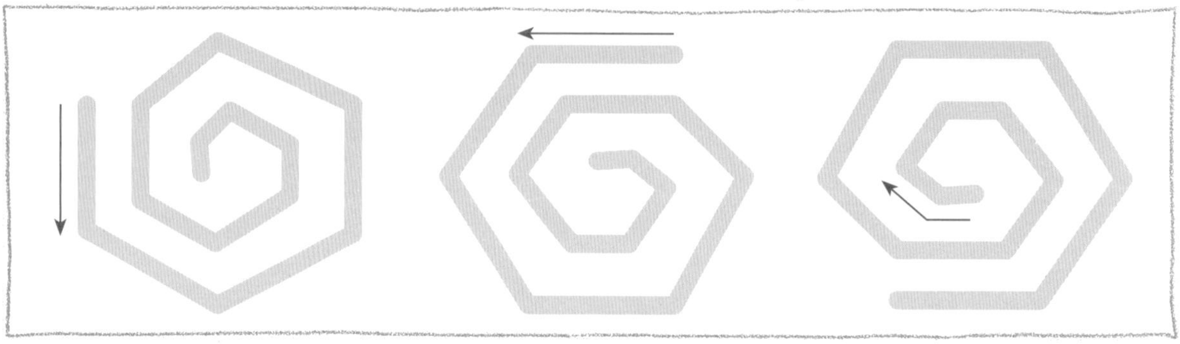

★ 이야기를 읽고, 띄어쓰기에 주의하며 줄에 이야기를 따라 써 보세요.

의좋은 형제

의좋은 농부 형제가 살았어요. 그들은 열심히 농사를 지어 벼를 수확했지요. 형은 결혼한 동생을 위해 밤중에 몰래 동생에게 벼를 가져다주었어요. 동생도 식구가 많은 형을 위해 벼를 가져다주었지요.

의좋은 농부 형제가

공부한 날짜 월 일

여우와 포도밭

여우가 포도밭을 기웃거렸어요. '포도가 맛있겠는 걸?' 하지만 울타리가 있었지요. 울타리에는 틈이 있었지만, 너무 좁았어요. 여우는 사흘을 굶어 배를 홀쭉하게 만들어서 들어갔어요. 포도를 많이 먹어 배가 나온 여우는 울타리 틈을 빠져나올 수 없었답니다.

여우가

춘향전

춘향이가 16살이 되던 해, 음력 5월 5일 단옷날이었어요. 남원 사또의 아들 이몽룡은 그네를 타는 춘향이를 봤어요. 이 둘은 사랑에 빠졌지요. 어느 날, 이몽룡은 아버지를 따라 한양에 가게 되어 춘향과 이별을 하게 되었고 남원에는 새로운 사또가 부임하였어요.

춘향이가

16일 학습 끝!

붙임 딱지를 붙여요.

혹부리 영감

착한 혹부리 영감은 나무하러 산에 갔다가 길을 잃었어요. 영감은 노래를 부르면서 무서움을 달랬지요. 갑자기 도깨비들이 나타났어요. "어디서 좋은 노랫소리가 나오지?" 도깨비들은 영감의 혹을 노래 주머니로 착각하였고, 혹을 갖는 대신 금은보화를 주었답니다.

착한 혹부리 영감은

쉬어 가기 끝말잇기와 가로세로 낱말 퀴즈 풀기

★ 보기 의 낱말을 활용하여 끝말잇기를 해 보세요.

보기 채소, 개미, 두부, 교문, 구두, 부채, 소개, 문방구

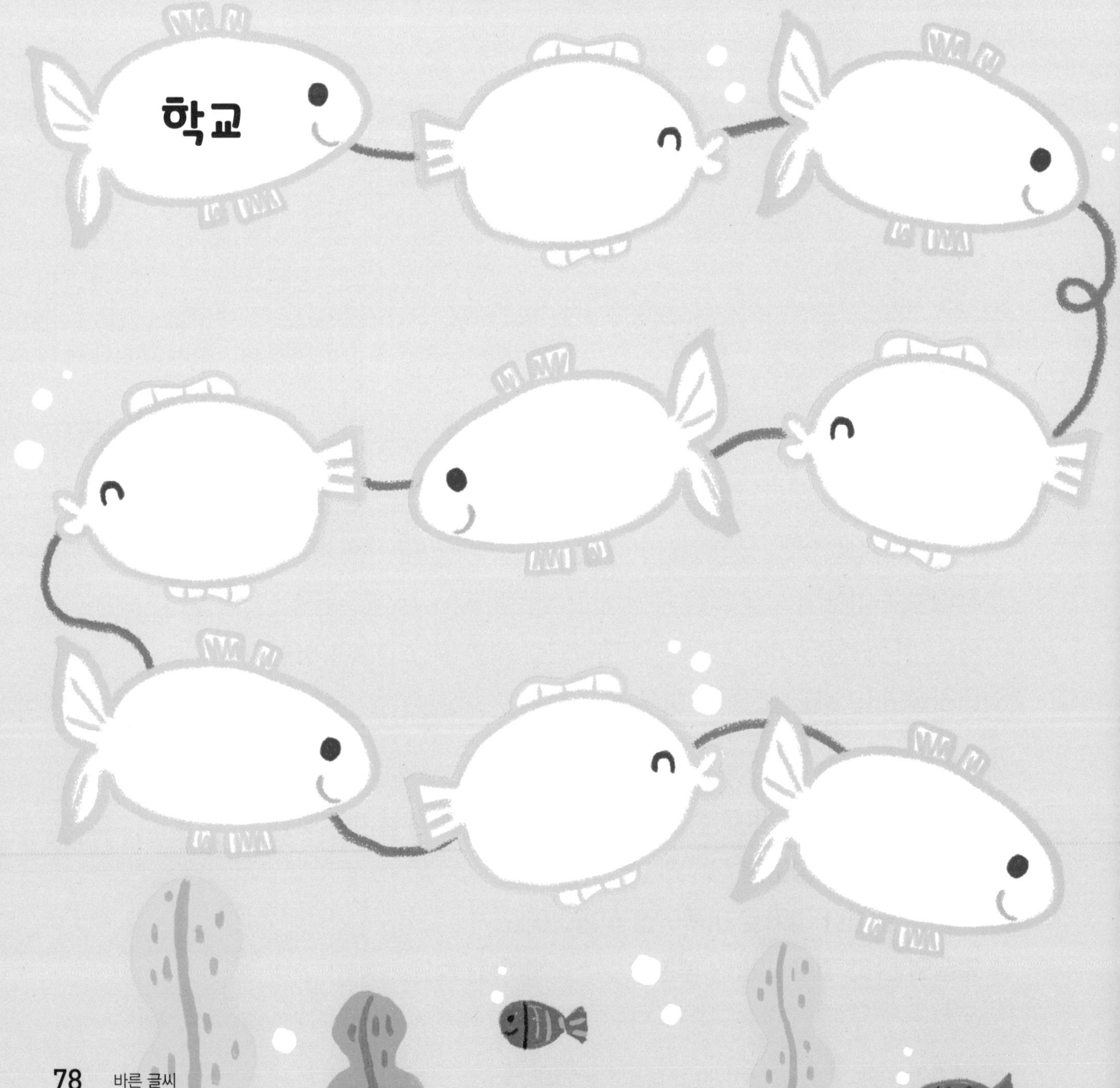

★ 가로 열쇠와 세로 열쇠를 읽고 낱말 퍼즐을 완성해 보세요.

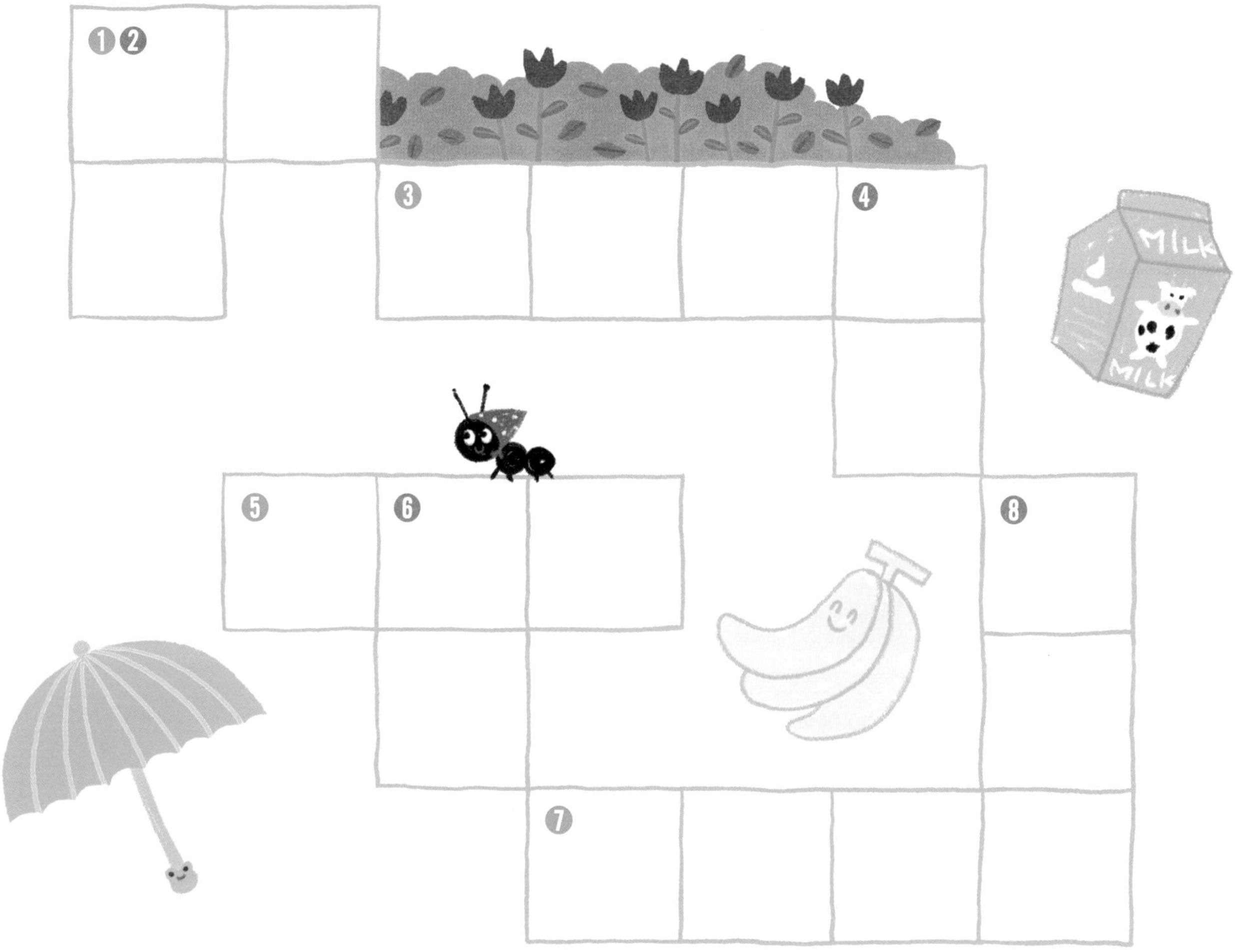

가로 열쇠

❶ ○○는 흰색이며 음료로 마시거나 아이스크림, 버터, 치즈 등의 원료로 쓰여요.

❸ 상대방의 어깨에 서로 팔을 얹어 끼고 나란히 서 있는 행동을 ○○○○라고 해요.

❺ ○○○는 노란색이며 긴 타원형 모양으로 생긴 열대 과일이에요.

❼ 머리털의 낱개를 ○○○○이라고 해요.

세로 열쇠

❷ ○○은 비가 올 때 펴서 손에 들고 머리 위를 가리는 물건이에요.

❹ 물건의 무거운 정도를 ○○라고 해요.

❻ ○○는 줄기나 가지로 이루어진 식물이에요.

❽ 발끝의 다섯 개로 갈라진 부분을 ○○○이라고 해요.

정답: ❶ 우유 ❷ 우산 ❸ 어깨동무 ❹ 무게 ❺ 바나나 ❻ 나무 ❼ 머리카락 ❽ 발가락

PART 3

생각 쓰기

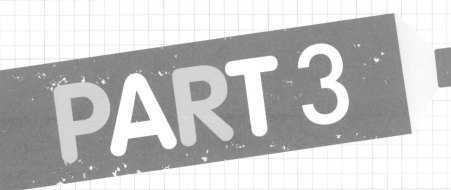

바른 글씨로 자신의 생각을 표현하는 글을 써 봅니다.
학교에서 활용할 수 있는 다양한 갈래 글 쓰는 방법을 학습하고 연습합니다.
생각 쓰기를 통해 바른 글씨로 한 편의 글을 완성할 수 있습니다.

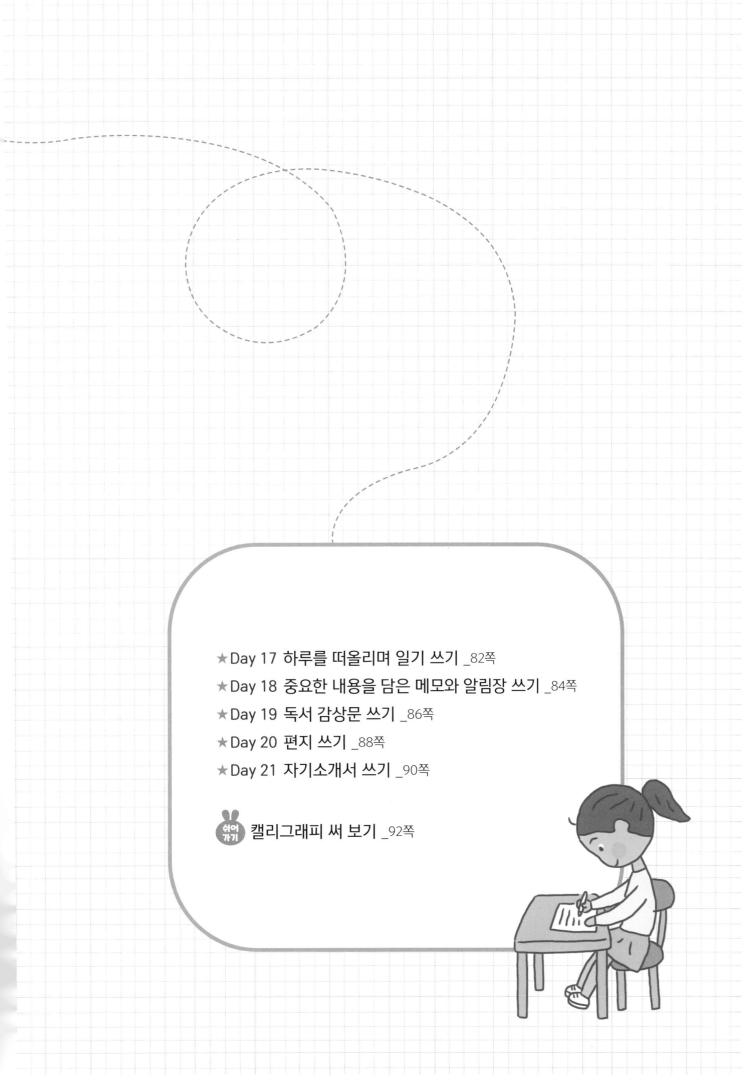

Day 17

하루를 떠올리며 일기 쓰기

★ 선을 따라 그으면서 손을 풀어 보세요.

★ 아래 글을 보며 어떤 순서로 일기를 쓰면 되는지 알아보세요.

1. 날짜와 날씨 쓰기
자기만의 방식으로 날씨를 표현해요.

2. 제목 쓰기
어떤 내용을 쓰는지 알 수 있게 제목을 정해요.

3. 내용 쓰기
기억에 남는 일을 순서대로 써요.

4. 생각 쓰기
기억에 남는 일에 대한 생각과 느낌을 써요.

4월 5일 수요일		날씨	비가 주룩주룩
제목	동생이 아픈 날		

학교에서 오니까 동생은 이불을 덮고 땀을 흘리며 자고 있었다. 아빠에게 물어보니 비를 맞으며 밖에서 놀았다고 했다. 아빠가 비옷이라도 입으라고 했지만, 동생은 말을 듣지 않고 놀더니 결국 감기에 걸렸다.

동생이 아픈 것을 보니 안쓰러웠다. 하지만 아빠 말을 듣지 않아서 감기에 걸렸으니 동생도 이번 기회에 깨닫는 게 있었으면 좋겠다. 동생이 계속 누워있으니까 생각보다 심심하다. 얼른 나아서 나랑 재미있게 놀았으면 좋겠다.

공부한 날짜 월 일

17일 학습 끝!

붙임 딱지를 붙여요.

★ 오늘 있었던 일 중 기억에 남는 일을 골라 바른 글씨로 일기를 써 보세요.

월 일 요일	날씨	
제목		

Day 18 중요한 내용을 담은 메모와 알림장 쓰기

★ 선을 따라 그으면서 손을 풀어 보세요.

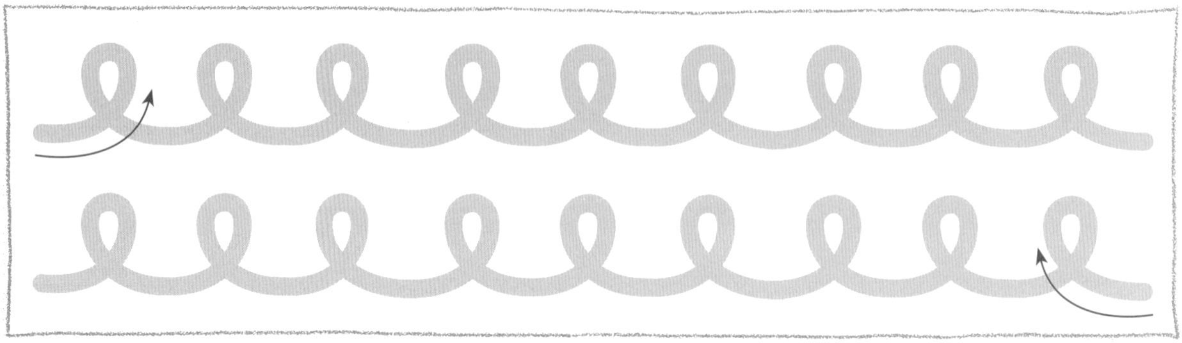

★ 아래 예시를 참고하여 메모를 써 보세요.

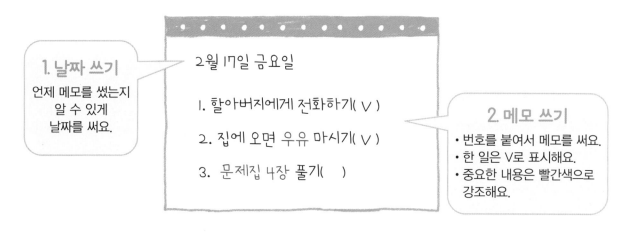

1. 날짜 쓰기
언제 메모를 썼는지
알 수 있게
날짜를 써요.

2월 17일 금요일

1. 할아버지에게 전화하기(V)
2. 집에 오면 우유 마시기(V)
3. 문제집 4장 풀기( )

2. 메모 쓰기
• 번호를 붙여서 메모를 써요.
• 한 일은 V로 표시해요.
• 중요한 내용은 빨간색으로 강조해요.

공부한 날짜 　 월 　 일

18일 학습 끝!

붙임 딱지를 붙여요.

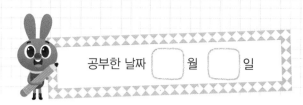

★ 아래 예시를 참고하여 알림장을 써 보세요.

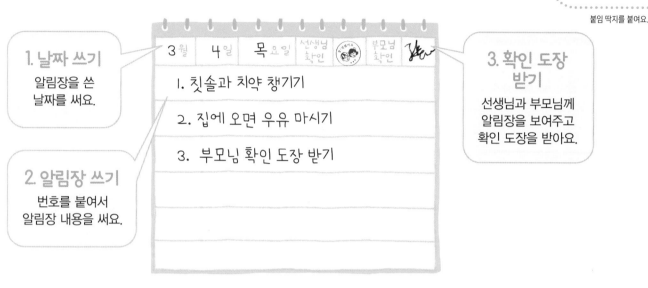

1. 날짜 쓰기
알림장을 쓴 날짜를 써요.

2. 알림장 쓰기
번호를 붙여서 알림장 내용을 써요.

3. 확인 도장 받기
선생님과 부모님께 알림장을 보여주고 확인 도장을 받아요.

3월	4일	목요일	선생님 확인	(도장)	부모님 확인	(서명)
1. 칫솔과 치약 챙기기						
2. 집에 오면 우유 마시기						
3. 부모님 확인 도장 받기						

월	일	요일	선생님 확인		부모님 확인	

Day 19

독서 감상문 쓰기

★ 선을 따라 그으면서 손을 풀어 보세요.

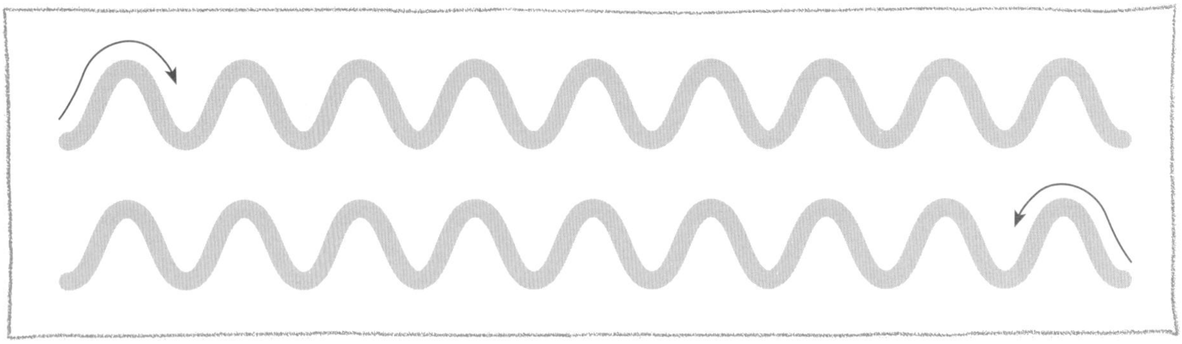

★ 아래 글을 보며 어떤 방식으로 독서 감상문을 쓰면 되는지 알아보세요.

제목	소가 된 게으름뱅이		
날짜	3월 10일	지은이	모름

도서관에서 오늘 읽을 책을 찾고 있었다. 그러다가 사람이 소로 변하는 모습을 그린 그림이 표지로 되어 있는 것이 재미있어서 이 책을 읽게 되었다.

한 게으름뱅이가 소 탈을 쓰고 소가 되어 힘들게 일하다가 무를 먹고 다시 사람으로 돌아와서 부지런하게 살았다는 내용이다.

책을 읽고 주인공처럼 게으르면 벌을 받을 것 같다는 생각이 들었다. 게으름뱅이가 부지런한 사람이 된 것처럼 나도 더 부지런한 사람이 되어야겠다.

1. 제목 쓰기
책 제목을 써요.

2. 날짜와 지은이 쓰기
책을 읽은 날짜와 지은이를 적어요.

3. 읽게 된 동기 쓰기
책을 읽게 된 동기를 써요.

4. 줄거리 쓰기
책 줄거리를 간단하게 써요.

5. 감상 쓰기
책을 읽으면서 느낀 점과 자신의 생각을 써요.

공부한 날짜 ( ) 월 ( ) 일

19일 학습 끝!

붙임 딱지를 붙여요.

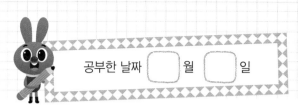

★ 최근에 읽었던 책을 골라 바른 글씨로 독서 감상문을 써 보세요.

제목			
날짜		지은이	

Day 20

편지 쓰기

★ 선을 따라 그으면서 손을 풀어 보세요.

★ 아래 글을 보며 어떤 방식으로 편지를 쓰면 되는지 알아보세요.

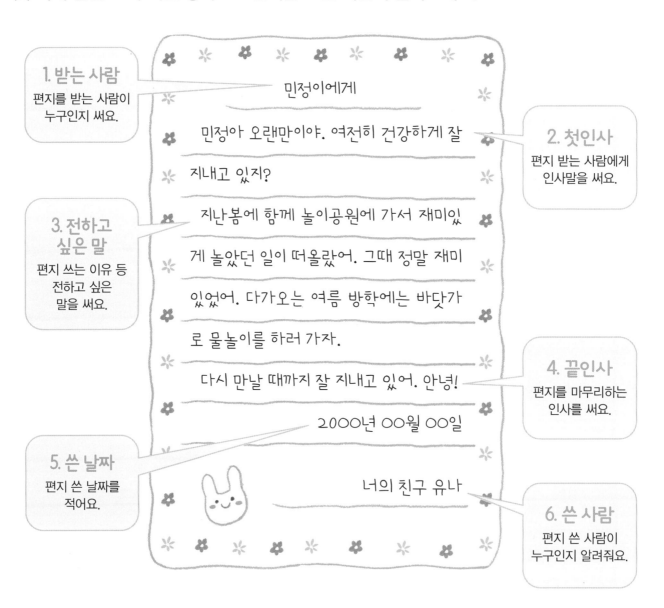

1. 받는 사람
편지를 받는 사람이 누구인지 써요.

2. 첫인사
편지 받는 사람에게 인사말을 써요.

3. 전하고 싶은 말
편지 쓰는 이유 등 전하고 싶은 말을 써요.

4. 끝인사
편지를 마무리하는 인사를 써요.

5. 쓴 날짜
편지 쓴 날짜를 적어요.

6. 쓴 사람
편지 쓴 사람이 누구인지 알려줘요.

민정이에게

민정아 오랜만이야. 여전히 건강하게 잘 지내고 있지?

지난봄에 함께 놀이공원에 가서 재미있게 놀았던 일이 떠올랐어. 그때 정말 재미있었어. 다가오는 여름 방학에는 바닷가로 물놀이를 하러 가자.

다시 만날 때까지 잘 지내고 있어. 안녕!

2000년 00월 00일

너의 친구 유나

공부한 날짜 월 일

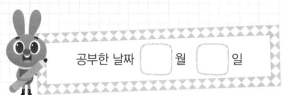

★ 부모님께 감사한 마음을 담아 바른 글씨로 편지를 써 보세요.

20일 학습 끝!

붙임 딱지를 붙여요.

자기소개서 쓰기

★ 선을 따라 그으면서 손을 풀어 보세요.

★ 아래 글을 보며 어떤 방식으로 자기소개서를 쓰면 되는지 알아보세요.

1. 첫인사 하기
인사말을 적어요.

2. 이름 쓰기
이름을 말해요.

3. 특징 쓰기
좋아하는 것, 잘하는 것, 별명, 장래 희망, 성격 등 나의 특징을 써요.

4. 끝인사 하기
친구들에게 하고 싶은 말과 끝인사를 해요.

안녕하세요.

저는 OO초등학교 1학년 O반 배시윤입니다.

제가 좋아하는 것은 축구입니다. 축구 클럽에 다니면서 축구를 열심히 배우고 있습니다.

그리고 동물을 좋아합니다. 주말에는 엄마, 아빠와 함께 동물원에 자주 놀러 갑니다.

그래서 제 별명은 동물 박사입니다.

최근에는 피아노를 배우기 시작했습니다. 나중에 연주회를 열면 친구들을 꼭 초대하겠습니다.

만나서 반갑고 앞으로 사이좋게 잘 지내고 싶습니다. 감사합니다.

공부한 날짜 ( ) 월 ( ) 일

21일 학습 끝!

붙임 딱지를 붙여요.

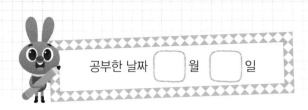

★ 카드 내용을 참고해서 바른 글씨로 자기소개서를 써 보세요.

생일	태어난 곳	좋아하는 음식	싫어하는 음식
나의 꿈	잘하는 운동	들으면 기분 좋은 말	가족
별명	좋아하는 동물	배우고 싶은 악기	좋아하는 놀이

쉬어 가기 캘리그래피 써 보기

캘리그래피는 글씨나 글자를 아름답게 쓰는 기술을 말해요. 쉽게 생각하면 붓으로 글을 쓰는 '서예'라고 말할 수 있어요. 하지만 요즘 시대에는 붓, 펜 등을 활용하여 쓰는 모든 '서체'를 의미해요. 집에 있는 붓이나 붓펜 등을 사용하여 여러 가지 모양의 선 긋기 연습을 하면 멋진 캘리그래피를 쓸 수 있을 거예요.

★ 여러 가지 모양의 선 긋기 연습을 해 보세요.

● 직선으로 선 긋기

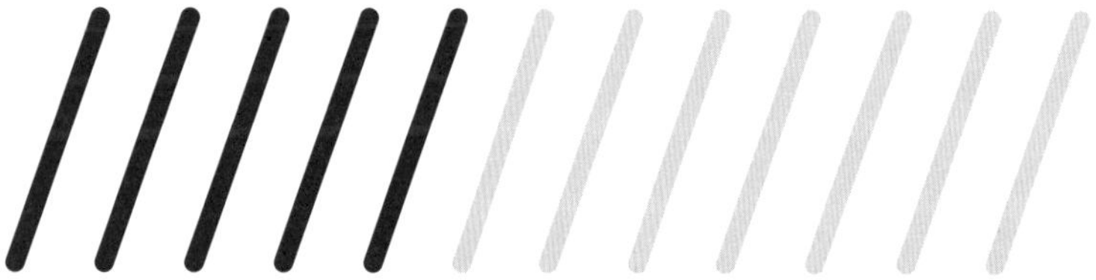

● 반복해서 선 긋기

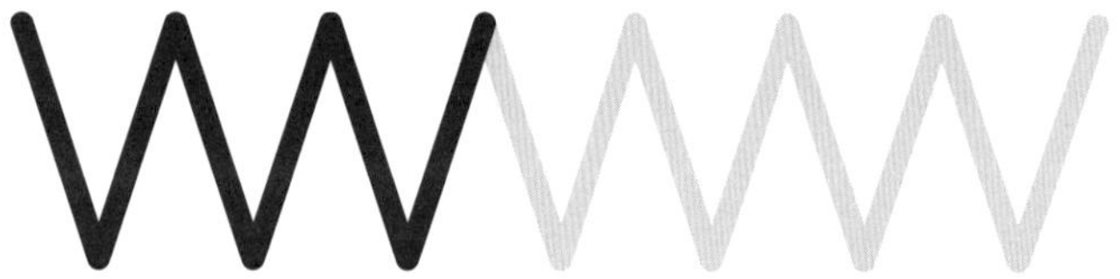

● 곡선으로 선 긋기

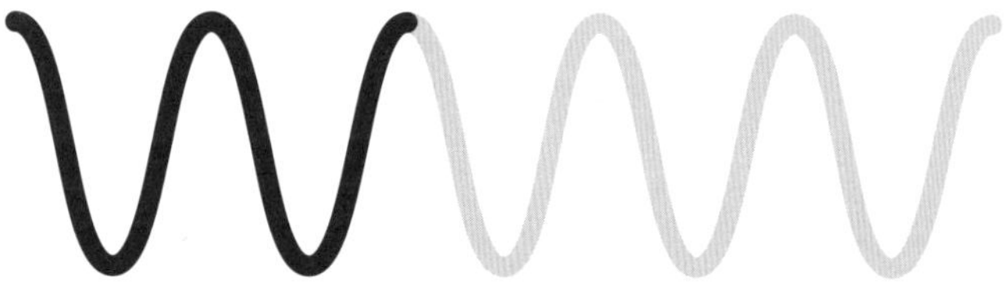

● 곡선과 점으로 선 긋기

★ 캘리그래피 문구를 따라 써 보세요.

사랑해	사랑해	
고마워	고마워	
미안해	미안해	
축하해	축하해	

★ 내가 쓰고 싶은 문구를 자유롭게 써 보세요.

쓰기

바른 글씨 연습하기

1

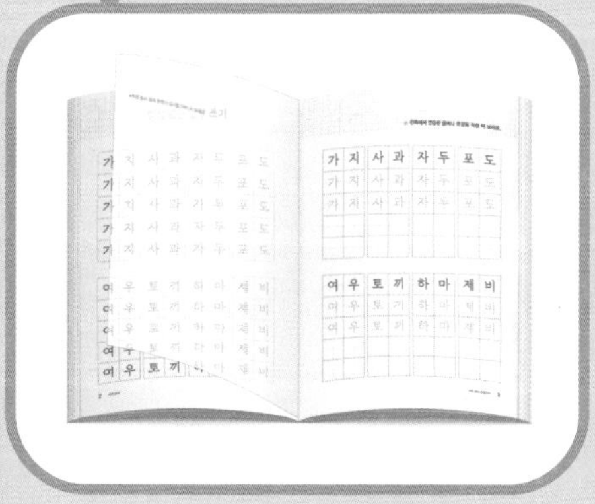

투명 종이를 왼쪽으로 넘기세요.

2

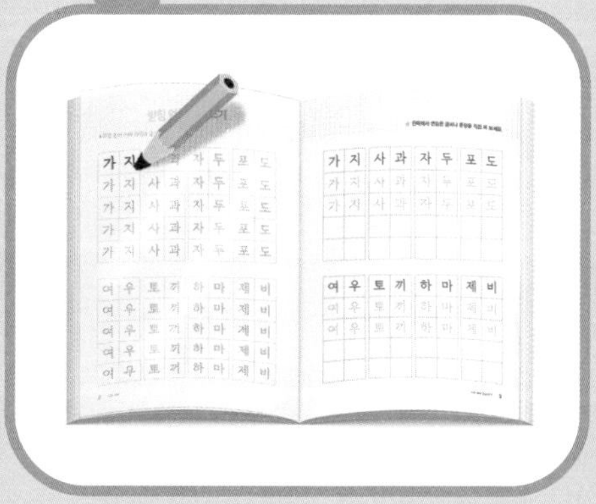

투명 종이 위에 비치는 글자와 문장을 따라 써 보세요.

3

투명 종이에 연습한 글자와 문장을 오른쪽 페이지에 직접 써 보세요.

받침 없는 낱말 쓰기

가	지	사	과	자	두	포	도
가	지	사	과	자	두	포	도
가	지	사	과	자	두	포	도
가	지	사	과	자	두	포	도
가	지	사	과	자	두	포	도

여	우	토	끼	하	마	제	비
여	우	토	끼	하	마	제	비
여	우	토	끼	하	마	제	비
여	우	토	끼	하	마	제	비
여	우	토	끼	하	마	제	비

• 투명 종이 위에 왼쪽의 글씨를 따라 써 보세요.

★ 왼쪽에서 연습한 글씨나 문장을 직접 써 보세요.

가	지	사	과	자	두	포	도
가	지	사	과	자	두	포	도
가	지	사	과	자	두	포	도

여	우	토	끼	하	마	제	비
여	우	토	끼	하	마	제	비
여	우	토	끼	하	마	제	비

받침 있는 낱말 쓰기1

낱	말	한	글	읽	기	받	침
낱	말	한	글	읽	기	받	침
낱	말	한	글	읽	기	받	침
낱	말	한	글	읽	기	받	침
낱	말	한	글	읽	기	받	침

글	감	발	표	경	험	연	습
글	감	발	표	경	험	연	습
글	감	발	표	경	험	연	습
글	감	발	표	경	험	연	습
글	감	발	표	경	험	연	습

• 투명 종이 위에 왼쪽의 글씨를 따라 써 보세요.

★ 왼쪽에서 연습한 글씨나 문장을 직접 써 보세요.

낱	말	한	글	읽	기	받	침
낱	말	한	글	읽	기	받	침
낱	말	한	글	읽	기	받	침

글	감	발	표	경	험	연	습
글	감	발	표	경	험	연	습
글	감	발	표	경	험	연	습

받침 있는 낱말 쓰기 2

앉	다	많	다	젊	다	값
앉	다	많	다	젊	다	값
앉	다	많	다	젊	다	값
앉	다	많	다	젊	다	값
앉	다	많	다	젊	다	값

얇	다	싫	다	닦	다	핥	다
얇	다	싫	다	닦	다	핥	다
얇	다	싫	다	닦	다	핥	다
얇	다	싫	다	닦	다	핥	다
얇	다	싫	다	닦	다	핥	다

● 투명 종이 위에 왼쪽의 글씨를 따라 써 보세요.

★ 왼쪽에서 연습한 글씨나 문장을 직접 써 보세요.

앉	다	많	다	젊	다	값
앉	다	많	다	젊	다	값
앉	다	많	다	젊	다	값

얇	다	싫	다	닦	다	핥	다
얇	다	싫	다	닦	다	핥	다
얇	다	싫	다	닦	다	핥	다

소리와 모습을 흉내 내는 말 쓰기

반	짝	반	짝
반	짝	반	짝
반	짝	반	짝
반	짝	반	짝
반	짝	반	짝

울	긋	불	긋
울	긋	불	긋
울	긋	불	긋
울	긋	불	긋
울	긋	불	긋

우	당	탕
우	당	탕
우	당	탕
우	당	탕
우	당	탕

멍	멍
멍	멍
멍	멍
멍	멍
멍	멍

씽	씽
씽	씽
씽	씽
씽	씽
씽	씽

● 투명 종이 위에 왼쪽의 글씨를 따라 써 보세요.

★ 왼쪽에서 연습한 글씨나 문장을 직접 써 보세요.

반	짝	반	짝
반	짝	반	짝
반	짝	반	짝

울	긋	불	긋
울	긋	불	긋
울	긋	불	긋

우	당	탕
우	당	탕
우	당	탕

멍	멍
멍	멍
멍	멍

씽	씽
씽	씽
씽	씽

생활 속 문장 쓰기1

안녕하세요.

안녕히 계세요.

안녕히 주무셨어요?

고맙습니다.

잘 먹겠습니다.

너는 참 친절하구나.

우리 즐겁게 놀자.

생일 축하해.

초대해줘서 고마워.

만나서 반가워.

● 투명 종이 위에 왼쪽의 글씨를 따라 써 보세요.

• 투명 종이 위에 왼쪽의 글씨를 따라 써 보세요.

★ 왼쪽에서 연습한 글씨나 문장을 직접 써 보세요.

안녕하세요.

안녕히 계세요.

안녕히 주무셨어요?

고맙습니다.

잘 먹겠습니다.

너는 참 친절하구나.

우리 즐겁게 놀자.

생일 축하해.

초대해줘서 고마워.

만나서 반가워.

생활 속 문장 쓰기 2

꽃이 피었습니다.

아기가 잠을 잡니다.

시원한 물을 마셔요.

날씨가 참 좋아요.

학교에서 공부해요.

“이건 뭐예요?”

신기하게 생겼네!

‘그건 거짓말이야.’

미안해, 친구야.

“나랑 같이 가자.”

● 투명 종이 위에 왼쪽의 글씨를 따라 써 보세요.

• 투명 종이 위에 왼쪽의 글씨를 따라 써 보세요.

★ 왼쪽에서 연습한 글씨나 문장을 직접 써 보세요.

꽃	이		피	었	습	니	다	.	
아	기	가		잠	을		잡	니	다.
시	원	한		물	을		마	셔	요.
날	씨	가		참		좋	아	요	.
학	교	에	서		공	부	해	요	.

“	이	건		뭐	예	요	?	”	
신	기	하	게		생	겼	네	!	
‘	그	건		거	짓	말	이	야	.’
미	안	해	,	친	구	야	.		
“	나	랑		같	이		가	자	.”

생활 속 문장 쓰기 3

연필을 깎아요.

책장에 책을 꽂아요.

문제를 맞혔어요.

비둘기 떼를 쫓아요.

나는 여덟 살이야.

동생은 몇 살이니?

용돈은 만 원이에요.

며칠째 말이 없어요.

선물을 주고받아요.

떡 한 개를 먹어요.

● 투명 종이 위에 왼쪽의 글씨를 따라 써 보세요.

★ 왼쪽에서 연습한 글씨나 문장을 직접 써 보세요.

연필을 깎아요.

책장에 책을 꽂아요.

문제를 맞혔어요.

비둘기 떼를 쫓아요.

나는 여덟 살이야.

동생은 몇 살이니?

용돈은 만 원이에요.

며칠째 말이 없어요.

선물을 주고받아요.

떡 한 개를 먹어요.

세 마리 토끼 잡는 쓰기

★ 하루 공부가 끝나는 곳에 붙임 딱지를 붙여 주세요.

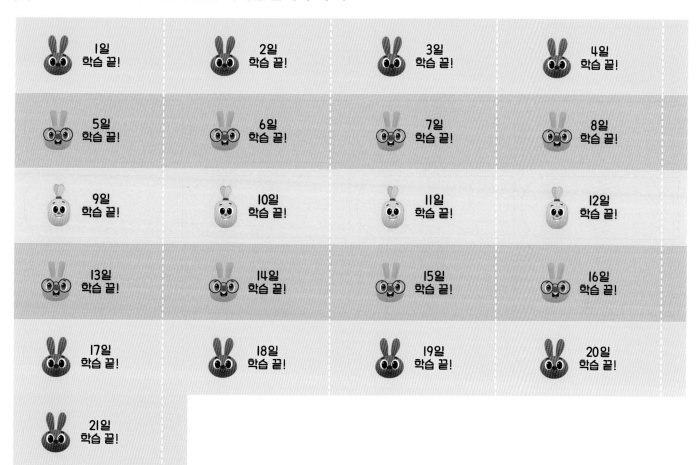

1일 학습 끝!	2일 학습 끝!	3일 학습 끝!	4일 학습 끝!
5일 학습 끝!	6일 학습 끝!	7일 학습 끝!	8일 학습 끝!
9일 학습 끝!	10일 학습 끝!	11일 학습 끝!	12일 학습 끝!
13일 학습 끝!	14일 학습 끝!	15일 학습 끝!	16일 학습 끝!
17일 학습 끝!	18일 학습 끝!	19일 학습 끝!	20일 학습 끝!
21일 학습 끝!			

① 붙임 딱지의 왼쪽 끝을 책의 붙임 딱지 붙이는 자리에 잘 맞추어 붙이세요.
② 붙이고 남은 부분은 점선을 따라 접어 뒤로 붙이세요.
③ 붙임 딱지를 붙인 모습이에요.

★ 이름표에 이름을 적고, 책의 앞이나 뒤에 붙이세요.

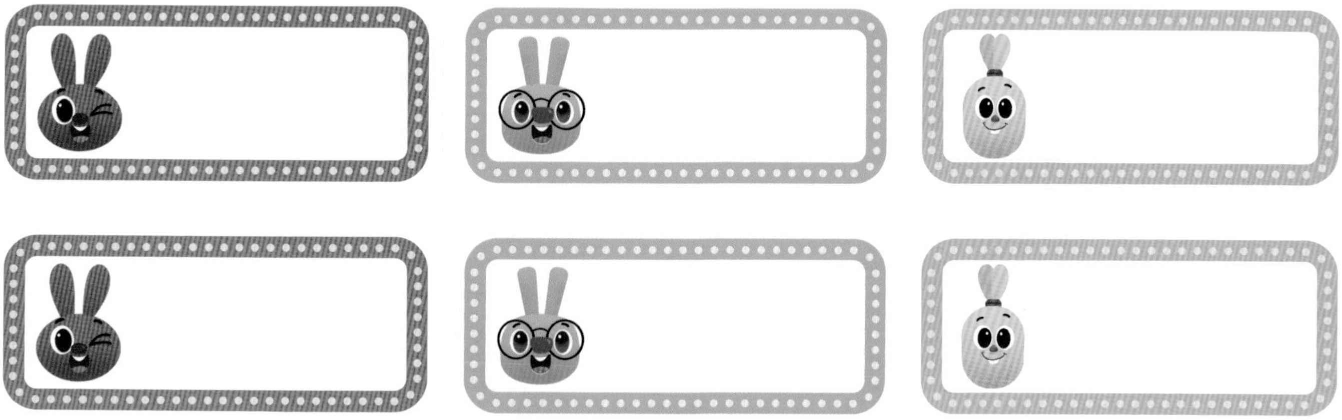